«Un examen acabado ... manera nueva de honrar y glorificar a Dios a través de los negocios»

— C. WILLIAM POLLARD
Presidente Emeritus. The ServiceMaster Company

«Qué gran recordatorio de que su desempeño en los negocios puede ser una parte vital de cómo servir a Dios e impactar vidas para la eternidad».

— DAVE BROWNE
ex CEO. LensCrafters;
actual CEO, Family Christian Stores

«En la frecuente provocativa integración del mundo de los negocios y una vida de fe, el libro del Dr. Grudem suministra una base fácil de entender para el liderazgo empresarial».

— JAMES FELLOWES
CEO, Fellowes, Inc.

«Con mucha frecuencia los cristianos se sienten culpables respecto de opciones para su propio interés, de adquisición de propiedad privada, y del motivo de ganancia. Wayne Grudem deja bien claro que estas cosas son parte del plan de Dios para la vida moral. ¡Qué idea tan notable!».

— STEPHEN HAPPEL, Ph.D.
Profesor de Economía, Arizona State University

«El Dr. Grudem nos muestra claramente que nuestras actividades empresariales ofrecen oportunidades únicas para glorificar a Dios. Sus conclusiones son agudas, de incalculable valor y convincentes. Yo estoy colocando ésta en mi lista de lecturas una vez al año, para motivarme a la labor ética de Colosenses 3:23-34».

— MIKE SEARCY
Diector de Administración, Ronald Blue & Co.,
Phoenix, Arizona

«Al refutar con efectividad las alegaciones de las corporaciones, gobiernos e ideologías, de que poseen el título de propiedad de la actividad humana en los negocios, Wayne Grudem detalla suscintamente como los negocios son diseñadoas por Dios para Su gloria y nuestro bien».

    —DAVID PAYNE

    Economista, Secretaría de Comercio de EUA,

    Washington. D.C.

«Este libro debería ser lectura obligatoria para todos los pastores que aman a los negociantes que Dios ha colocado en su medio… Y todas las personas que practican los negocios serán bendecidas y estimuladas al leer la sabia aplicación que hace Wayne Grudem de la Palabra de Dios a la práctica de los negocios. El contenido del libro está saturado con las gloriosas intenciones de Dios para aquellos llamados a servir al Señor en los negocios».

    —RICHARD C. CHEWNING, PH. D.

    Distinguido Académico en Residencia, John Brown University

«Una mirada inteligente al vínculo de la vida económica con la vida espiritual, y un antídoto esencial para aquellos que dudan que los negiocios son una actividad para honrar y glorificar a Dios».

    —BARRY ASMUS, Ph.D.

    Economista Principal, Centro Nacional para

    Análisis de Política

WAYNE GRUDEM

NEGOCIOS
PARA LA GLORIA DE
DIOS

Enseñanzas bíblicas acerca de la ética en los negocios

La misión de Editorial Vida es ser la compañía líder en comunicación cristiana que satisfaga las necesidades de las personas, con recursos cuyo contenido glorifique al Señor Jesucristo y promueva principios bíblicos.

NEGOCIOS PARA LA GLORIA DE DIOS
Edición en español publicada por
Editorial Vida – 2006
Miami, Florida

Edición popular 2011

©2006 por Editorial Vida

Originally published in the USA under the title:
Business for the Glory of God
© 2003 by Wayne Grudem
Published by Crossway Books, a División of Good News Publishers

Traducción: *Guillermo Cabrera Leiva*
Edición: *Rojas & Rojas Editores, Inc.*
Adaptación de cubierta: *Good Idea Productions, Inc.*
Diseño interior: *Rojas & Rojas Editores, Inc.*

RESERVADOS TODOS LOS DERECHOS.

ISBN: 978-0-8297-5857-3

Categoría: *Vida cristiana / Crecimiento profesional*

IMPRESO EN ESTADOS UNIDOS DE AMÉRICA
PRINTED IN THE UNITED STATES OF AMERICA

11 12 13 14 ❖ 5 4 3 2 1

A mi padre,
ARDEN E. GRUDEM,
que honró y glorificó a Dios durante su vida en los negocios

y a mi madre,
JEAN C. GRUDEM,
cuya generosidad, bondad y fe
han sido un ejemplo para todos los que la conocieron

CONTENIDO

Prefacio

POR VARIOS AÑOS he dictado clases y hecho investigación sobre las enseñanzas bíblicas acerca de una amplia gama de cuestiones económicas — temas como la riqueza y la pobreza, el ahorro y las donaciones, el trabajo y el descanso, comprar y vender, otorgar préstamos y pedir prestado, patronos y empleados, y el uso de los recursos de la tierra para fines productivos. La Biblia dice mucho acerca de estos temas y un examen detallado merece un libro mucho más extenso que éste, uno que estoy aun en el proceso de escribir.

Pero si bien mi libro más extenso sigue sin terminar, Ted Yamamori, ex presidente de *Comida para el hambriento*, me persuadió a leer un estudio sobre la manera en que algunos de estos temas se aplican específicamente a la actividad empresarial. Estuve de acuerdo y leí el escrito titulado «Cómo el negocio en sí mismo puede glorificar a Dios» en la Conferencia para el Empresario Integral, que el Dr. Yamamori convocó en la Escuela de Comercio para Graduados de la Universidad Regent del 3 al 5 de octubre de 2002. Este libro es una versión ampliada de ese estudio.[1]

Deseo expresar las gracias a muchas personas que han contribuido a mis ideas o han hecho sugestiones sobre este manuscrito, incluyendo a Barry Asmus, Jerry Brock, David Browne, Diane Hakala, Stephen Happel, David Payne, Steve Uhlmann y muchos antiguos estudiantes en las discusiones de clase. Gracias especiales para David Kotter, talentoso y atento antiguo estudiante (y miembro adjunto de la facultad de economía del Trinity College, en Deerfield, Illinois) cuyos conocimientos y experiencia en economía y en ciencias comerciales han hecho numerosas contribuciones a mis ideas y han influido significativamente en lo que he escrito. ¡Sin embargo, no he tomado en cuenta cada sugestión de estos auxiliares y amigos, y no deben ser culpados por ninguno de mis errores!

También deseo expresar mi agradecimiento a la administración y a las juntas de la Escuela Trinity Evangelical Divinity (donde enseñé desde 1981 a 2001) y al Seminario Phoenix (donde ahora enseño) por haberme concedido cada uno un año sabático durante el cual he continuado trabajando en un libro más extenso sobre principios bíblicos y valores económicos, un libro que espero poder completar en un futuro próximo. Y deseo agradecer a los Ministerios de la Gracia Soberana, un grupo de iglesias que me ha estimulado y apoyado con fondos para investigaciones adicionales en este mayor proyecto de investigación. Esa investigación ha suministrado mucho del trasfondo para el breve panorama que ofrezco en este libro.

He dedicado este libro a mi padre, Arden Grudem, cuya obra en el mundo de los negocios y cuya generosidad permitieron que siguiera su sabio consejo y obtuviera una educación mucho más formal que él jamás pudo lograr, y cuyas transacciones empresariales, por lo que he oído de otros durante toda mi vida, siempre sirvieron para honrar y glorificar a Dios. He dedicado también mi libro a mi madre, Jean Grudem, cuya maravillosa generosidad, bondad, sinceridad, sacrificio propio y fe también han glorificado a Dios a través de toda su vida, y han provisto un modelo que influyó fuertemente mi idea de qué clase de persona yo esperaría ser.

Wayne Grudem
Scottsdale, Arizona
Septiembre 19, 2003

Introducción

Una manera descuidada de glorificar a Dios

¿ES EL NEGOCIO BÁSICAMENTE bueno o malo?

Palabras como «ganancia», «competencia», «dinero» y aun «negocio» llevan una connotación moral negativa para muchas personas hoy. Y algunas personas que trabajan en el mundo de los negocios laboran bajo una vaga nube de culpa, pensando que su trabajo puede ser necesario, pero que desde una perspectiva moral es probablemente «neutral» cuando más. Muy pocas personas piensan instintivamente en los negocios como moralmente buenos en sí.

Los recientes escándalos comerciales respecto de actividades deshonestas e ilegales por parte de compañías gigantescas como Enron y por firmas de contadores antiguamente respetadas, como Arthur Andersen, han hecho probablemente más para que las personas sospechen que debe haber algo en los negocios que tiende *esencialmente* a obrar mal. Y así la idea del negocio, de por sí, cae bajo la oscura nube de la sospecha. Pero ¿es eso correcto?

En cuanto a la relación del negocio para servir a Dios, cuando las personas preguntan cómo sus vidas pueden «glorificar a Dios», no se les dice usualmente «Métete en negocios».

Cuando un estudiante pregunta «¿Cómo puedo yo servir a Dios en mi vida?», no oye con frecuencia la respuesta: «Métete en negocios».

Cuando alguien le dice a un recién conocido «Yo trabajo en tal y tal negocio», no recibe usualmente como respuesta: «¡Qué gran manera de glorificar a Dios!».

Pero eso es exactamente lo que este libro va a demostrar. Yo voy a argumentar que muchos aspectos de la actividad empresarial son moralmente buenos en sí mismos, y que en sí mismos traen gloria a Dios... aunque tienen también gran potencial de conducta impropia y mala actuación.

Comprendo que para la mayoría de las personas, la expresión «glorificar a Dios» suena como... bueno, suena como algo que pertenece a *la iglesia*, y no al mundo de los negocios. Cuando la gente oye la frase «glorificando a Dios», probablemente primero entraña *adoración* , cantada para alabar a Dios y darle gracias. Luego podría sugerir *evangelización*: glorificación a Dios al hablarles a otros acerca de El. Podría aun sugerir *ofrenda*, en la que se glorifica a Dios mediante contribución de dinero para evangelización, para fortalecer la iglesia y para las necesidades del pobre. O podría sugerir *vida moral* actuar en una forma que honre a Dios. Finalmente, la expresión «glorificar a Dios» podría sugerir una vida de *fe* , dependiendo de Dios en oración y en nuestras diarias actitudes de corazón. Estas cinco —adoración, evangelismo, ofrenda, vida moral y fe— son ciertamente maneras apropiadas de glorificar a Dios. Pero no constituyen mi enfoque en este libro.

En lugar de ello, deseo considerar el negocio *como tal*, no solo las maneras en que el negocio puede contribuir a la labor que la iglesia está realizando ya. Específicamente, deseo tratar los siguientes aspectos de la actividad empresarial:

1. Propiedad
2. Productividad
3. Empleo
4. Transacciones comerciales (compra y venta)

5. Ganancias
6. Dinero
7. Desigualdad de posesiones
8. Competencia
9. Pedir prestado y prestar
10. Actitudes del corazón
11. Efectos en la pobreza mundial

Pero antes de considerar estas cosas, necesitamos considerar dos puntos introductorios. El primero trata de la imitación de Dios, y el segundo de la incorrección moral o pecado.

Imitación: Dios goza viendo su carácter reflejado en nuestra vida

Una manera en que podemos glorificar a Dios es con frecuencia pasada por alto. Esta forma adicional de glorificar a Dios es la clave para entender por qué Dios hizo el mundo en la forma que lo hizo. Es también la clave para entender por qué Dios nos dio órdenes morales. Y esta es la clave para entender por qué los seres humanos tienen la inclinación a trabajar, a ser productivos, a inventar, a ganar, a ahorrar y a dar, y a realizar las miles de actividades específicas que llenan nuestros días. Esta forma adicional de glorificar a Dios es *imitación*, imitación de los atributos de Dios.

Dios nos creó para que lo imitásemos a él, de suerte que él pudiera mirarnos y ver algo de sus maravillosos atributos reflejados en nosotros. El primer capítulo de la Biblia nos dice,

Y Dios creó al ser humano a su imagen; lo creó a imagen de Dios. Hombre y mujer los creó. (Génesis 1:27)

Ser hecho a la imagen de Dios significa ser *como* Dios y *representar* a Dios en la tierra. Esto quiere decir que Dios nos creó para ser más como él que ninguna otra cosa que hizo. Él se deleita en mirarnos y ver en nosotros un reflejo de su excelencia. Después que Dios creó a Adán y a Eva,

> Dios miró todo lo que había hecho, y consideró que era *muy bueno* (Génesis 1:31)[1]

Miró su creación y se deleitó en ella, en toda ella… pero especialmente en los seres humanos hechos a su imagen.

Por eso Pablo nos ordena en Efesios 5,

> Por tanto, *imiten a Dios*, como hijos muy amados. (Efesios 5:1)

Si usted es padre, usted sabe que hay un gozo especial en ver a sus hijos imitando algunas de sus buenas cualidades y siguiendo algunas de las normas morales que usted ha tratado de modelar. Cuando sentimos ese gozo como padres, es solo un eco sutil de lo que Dios siente cuando nos ve, como sus hijos, imitando *sus* excelentes cualidades. «Imiten a Dios, como hijos amados».

Esta idea de imitar a Dios nos explica muchos de los mandatos en la Biblia. Por ejemplo, «Nosotros le amamos a él *porque él nos amó primero*» (1 Juan 4:19). Nosotros imitamos el amor de Dios cuando actuamos en amor. O, «Sean santos, *porque yo soy santo*» (1 Pedro 1:16, citando Levítico 11:44). De igual manera, Jesús enseñó: «Sean compasivos, así como su Padre es compasivo» (Lucas 6:36). Y también dijo: «Sean perfectos, así como su Padre celestial es perfecto» (Mateo 5:48). Dios desea que seamos como él.

Esta idea de imitar el carácter de Dios, de suerte que él se deleite en nosotros, explica también otra norma moral en la Biblia. Por ejemplo, Dios desea decirnos la verdad y no mentir, porque él es el Dios que «no miente» (Tito 1:2). Nos ordena a no cometer adulterio porque él es un Dios fiel a las obligaciones de su pacto y se deleita viendo nuestra fidelidad al pacto de matrimonio en el que hemos entrado (véase Malaquías 2:14). Y Dios ordena a los niños a «Honrar a tu padre y a tu madre» (Éxodo 20:12); citado en Efesios 6:2), como un reflejo del honor que el Hijo da al Padre en la Trinidad.

Dios nos creó de manera que *deseáramos* imitar su carácter. Nos creó de manera que nos *deleitáramos* espontáneamente en ver reflejos de su carácter en nuestras propias acciones y en las acciones de otros. Aunque este proceso está ahora manchado por el pecado, lo vemos aun en cierta medida. Sentimos un profundo y pleno gozo y satisfacción en proclamar la verdad (porque Dios es veraz), en tratar a otros con equidad (porque Dios es equitativo y justo), actuando en amor hacia otras personas (porque Dios es amor), siendo fieles a nuestros matrimonios y leales a nuestra palabra en otros compromisos (porque Dios es fiel), etc. También gozamos viendo a otras personas actuar en estas formas, porque en esas acciones captamos un destello del carácter de Dios. De esta forma podemos comenzar a entender cómo cumplir el mandamiento «Ya sea que coman o beban o hagan cualquier otra cosa, háganlo todo para la gloria de Dios» (1 Corintios 10:31).

PERO EL PECADO NO GLORIFICA A DIOS

Sin embargo, es absolutamente importante comprender que nunca debemos intentar glorificar a Dios actuando en forma que desobedezcamos su Palabra. Por ejemplo, si yo fuera a hablar la verdad acerca de mi vecino con el deseo malicioso de herirlo, no estaría glorificando a Dios al imitar su veracidad, porque la veracidad de Dios es siempre consecuente con todos sus otros atributos, inclusive su atributo de amor. Y cuando leemos acerca de un ladrón que robó un banco mediante un complejo y habilidoso plan, no debemos alabar a Dios porque este ladrón haya imitado la sabiduría y destreza divinas, porque la sabiduría de Dios se manifiesta siempre en formas consecuentes con su carácter moral, que no puede hacer mal, y consecuentes con sus atributos de amor y veracidad. Y así, debemos tener cuidado de nunca tratar de imitar el carácter de Dios en formas que contradigan su ley moral en la Biblia.

Lo que no es este Libro

Una cosa más debe decirse antes de empezar. Este no es un libro sobre «cómo decidir las difíciles cuestiones éticas en los negocios». Eso exigiría un libro más extenso que éste. En realidad, espero en el futuro escribir sobre algunas de las complejas cuestiones éticas que confrontan las personas cada día en el mundo de los negocios.

Pero antes de considerar los complejos retos en la ética de los negocios, es sumamente valioso entender algunos de los *componentes fundamentales* de los negocios en sí mismos. ¿Están las cuestiones como ganancia, competencia, dinero y propiedad de posesiones *siempre* contaminadas con el mal? ¿O son solo cosas *moralmente neutrales* que pueden usarse para bien o para mal? En contraste con esos dos conceptos, este libro sostendrá que ellas son *fundamentalmente buenas*, que Dios ha dado a la raza humana, pero que todas acarrean muchas tentaciones para usarlas indebidamente o con maldad. Y aun este libro es demasiado breve para resolver todos los complejos problemas en las «zonas grises» de la ética de los negocios, hay muchas cosas en cada aspecto de los negocios que son claramente correctos y equivocados, y yo mencionaré también esas cosas a continuación.

MANERAS ESPECÍFICAS EN QUE LOS NEGOCIOS PUEDEN GLORIFICAR A DIOS

Con este trasfondo podemos ahora pasar a considerar aspectos específicos de la actividad empresarial, y preguntar cómo brindan oportunidades únicas para glorificar a Dios. Encontraremos que en cada aspecto de los negocios hay múltiples esferas de oportunidades para dar gloria a Dios, así como múltiples oportunidades para pecar.

1

PROPIEDAD

*Tener posesiones es fundamentalmente bueno y
brinda muchas oportunidades para glorificar a Dios,
pero también muchas tentaciones para pecar*

ALGUNAS PERSONAS PIENSAN que toda posesión de propiedad es
una especie de «codicia» moralmente contaminada y se imaginan
que en un mundo perfecto la gente ni siquiera tendría posesiones
personales. Pero la Biblia no sustenta esa idea. Cuando Dios dictó
el mandamiento,

«No hurtarás» (Éxodo 20:15),

afirmó la validez de la propiedad personal de posesiones. Yo no
debo robarte el automóvil porque te *pertenece* a ti, no a mí. A menos que Dios no intentara que tuviéramos nuestras *propias* posesiones personales, el mandamiento de no robar carecería de
sentido.

Yo creo que la razón de que Dios nos dio este mandamiento,
«No hurtarás», es que tener posesiones es una forma fundamental
de que imitemos la soberanía de Dios sobre el universo por el ejercicio de la «soberanía» sobre una pequeña posesión del universo,

las cosas que poseemos. Cuando cuidamos nuestras posesiones, imitamos a Dios en su cuidado del universo entero, y él se deleita en vernos imitándolo en esta forma. Además, cuando cuidamos nuestras posesiones, ello nos brinda oportunidad de imitar muchos otros atributos de Dios, tales como la sabiduría, el conocimiento, la belleza, la creatividad, el amor a otros, la bondad, la equidad, la independencia, la libertad, el ejercicio de la voluntad, la felicidad (o el gozo) y así sucesivamente.

Ahora algunas veces los cristianos se refieren a la propiedad como «mayordomía» para recordarnos que lo que «poseemos» no lo poseemos del todo, sino solo como mayordomos que cuidan lo que en realidad pertenece a Dios. Esto es así porque «de Jehová es la tierra y su plenitud» (Salmo 24:1) y así a fin de cuentas todo pertenece a él (véase también Levítico 25:23; Salmo 50:10-12; Hageo 2:8; Lucas 16:12; 1 Corintios 4:7).

¿Por qué los niños desde una edad muy temprana gozan con los juguetes que son suyos, y por qué con frecuencia desean tener una mascota que sea suya, una de la que puedan cuidar ellos mismos? Yo creo que tal «propiedad» de juguetes y mascotas pueden verse distorsionada por los pecados de egoísmo y holgazanería, pero aun si viviéramos en un mundo sin pecado, los niños desde muy pequeños tendrían el deseo de tener cosas que fueran suyas. Creo que Dios nos ha creado con *un deseo de poseer cosas* porque deseaba que tuviéramos *el deseo de imitar su soberanía* en esta forma. Este deseo en sí mismo no debería automáticamente llamarse «codicia», porque esa palabra desacredita algo que es buen deseo que Dios nos ha otorgado.

Cuando somos mayordomos responsables, ya sea cuidando de nuestros juguetes a la edad de cuatro años o administrando toda una fábrica a la edad de cuarenta, si hacemos este trabajo «como para el Señor», Dios mira nuestra imitación de su soberanía y sus otros atributos, y está complacido. En esta forma somos portadores de su imagen, somos personas que son como Dios y representan a Dios en la tierra, ya tengamos pocas posesiones o muchas, y ya poseamos un pequeño negocio o uno grande.

Así, pues, ¿qué debemos hacer con las cosas que poseemos? Hay muchas cosas buenas que hacer, todas las cuales pueden glorificar a Dios. ¡Un buen «uso» de nuestros recursos —paradójicamente— es deshacernos de algunos de ellos! En esta forma *otros* pueden usar de ellos sabiamente, no solo nosotros mismos. Por ejemplo, podemos dar a la iglesia para ayudar a su labor de evangelización y enseñanza, y en esta forma edificaremos la iglesia. O podemos dar algo de nuestras posesiones para cubrir las necesidades de otros, especialmente los pobres:

No se olviden de hacer el bien y de compartir con otros lo que tienen, porque ésos son los sacrificios que agradan a Dios. (Hebreos 13:16)

La Biblia habla con frecuencia de la importancia de deshacernos regularmente de algo que se nos ha dado:

Honra al Señor con tus riquezas y con los primeros frutos de tus cosechas. (Proverbios 3:9)

...se debe ayudar a los necesitados, y recordar las palabras del Señor Jesús, que dijo: Más bienaventurado es dar que recibir (Hechos 20:35, *RVR-60*)

Dar es importante porque demuestra confianza en Dios. Cuando yo doy $100, estoy esencialmente diciendo: «Dios, estoy confiando en que tú me facilitarás $100 para mis futuras necesidades, porque yo no puedo depender más de estos $100». De modo que, al dar dinero estamos cambiando nuestra confianza en el dinero por la confianza en nuestro Dios. Dios se complace cuando damos («Dios ama al que da con alegría», 2 Corintios 9:7) porque ello no solo demuestra confianza en él sino también refleja su amor por otros, su misericordia, su compasión por los que están en necesidad.

¡Pero no necesitamos deshacernos de todo lo que tenemos! La Biblia habla también de otros usos moralmente correctos de nuestros recursos. Por ejemplo, un hombre que tiene un tractor puede usarlo para ayudar a «sojuzgar» la tierra (Génesis 1:28, *RVR-60*), esto es, para hacer la tierra útil para nosotros como seres humanos haciendo que la tierra produzca maíz y frijoles. Las personas que poseen equipos más complejos pueden extraer materiales de la tierra para hacer productos plásticos y silicón, a fin de fabricar computadoras y teléfonos celulares y ordenadores de mano.

En otros momentos, debemos usar lo que poseemos no para producirnos mayores riquezas sino simplemente *para nuestro propio disfrute*, con agradecimiento a Dios, quien

nos provee de todo en abundancia para que lo disfrutemos (1 Timoteo 6:17).

Es también correcto *ahorrar* algunos de nuestros recursos para uso futuro. Esto nos capacitará en el futuro para abastecer a nuestros familiares, y especialmente para los miembros de nuestra propia familia, como la Palabra de Dios nos dice que debemos hacer (véase 1 Timoteo 5:8). Podemos glorificar a Dios mediante todos estos usos de los recursos si tenemos agradecimiento a Dios en el corazón.

Por otra parte, la posesión de bienes conlleva muchas tentaciones de usar indebidamente los recursos que Dios nos ha confiado. Podemos usar nuestros recursos para corromper y destruir la tierra, o para robar y oprimir a otros, desobedeciendo con ello el mandamiento de Jesús de amar a nuestros prójimos como a nosotros mismos (Mateo 22:39), y por lo tanto, deshonrando a Dios con nuestras acciones. El autor de Proverbios 30 sabía que robar no es imitar a Dios, sino mostrar al mundo el cuadro de un Dios que es egoísta e injusto, porque él dijo:

… teniendo poco, podría llegar a robar y deshonrar así el nombre de mi Dios. (Proverbios 30:9)

O podríamos usar nuestros bienes para apartar a las personas del evangelio y atacar la iglesia, como algunos ricos hicieron en el primer siglo:

¿No son los ricos quienes los explotan a ustedes y los arrastran ante los tribunales? ¿No son ellos los que blasfeman el buen nombre de aquel a quien ustedes pertenecen? (Santiago 2:6-7)

Podríamos también usar nuestros recursos para acrecentar nuestro propio orgullo, o podríamos llegar a ser egoístas y acumular riqueza como un fin en sí mismo, o podríamos erróneamente buscar seguridad en las riquezas (véase Mateo 6:9, Lucas 12:13-21; Santiago 5:3).

Podríamos usar nuestras posesiones, tonta y pródigamente, abundando en lujos y desenfreno mientras desatendemos las necesidades de otros (véase Santiago 5:5, 1 Juan 3:17). Estas cosas se llaman propiamente «material*ismo*» y no son buenas

En muchas partes del mundo, el maravilloso privilegio que Dios nos ha concedido de poseer y administrar la propiedad no es posible para muchos segmentos de la población. En algunas culturas, los derechos de propiedad los acumulan egoístamente un pequeño número de personas poderosas y las regulaciones gubernamentales son tan complejas y consumen tanto tiempo que imposibilitan a las personas pobres tener alguna propiedad o un pequeño negocio.[1] En los países comunistas está prohibida por la ley la propiedad privada de la mayoría de las casas y empresas, y el gobierno es dueño de todas las fábricas y todos los bienes raíces. Tales sistemas son malos porque impiden a las personas poseer algo más que un pequeño número de bienes personales, y así impiden a la gente tener siquiera la oportunidad de glorificar a Dios mediante la tenencia de ninguna propiedad, o poseer una casa o un negocio.

Puede abusarse de la propiedad, pero las distorsiones de algo que es bueno no debe hacernos pensar que la cosa en sí sea mala. Las posesiones no son malas en sí mismas, y la propiedad de bienes no es incorrecta en sí misma. Ni la propiedad es algo moralmente neutral. En sí misma, la propiedad de bienes es algo que Dios estableció, y muy bueno. La propiedad brinda múltiples oportunidades de glorificar a Dios, y debemos estar agradecidos por esto.

2

PRODUCTIVIDAD

*La producción de bienes y servicios es fundamentalmente buena
y brinda muchas oportunidades de glorificar a Dios,
pero también muchas tentaciones para pecar*

SABEMOS QUE PRODUCIR bienes de la tierra es en sí fundamentalmente bueno porque es parte del propósito para el que Dios nos puso
en la tierra. Antes de que hubiese pecado en este mundo, Dios puso a
Adán en el jardín del Edén «para que lo cultivara y lo cuidara» (Génesis
2:15), y Dios dijo a Adán y a Eva, antes de que hubiera pecado,

> «Sean fructíferos y multiplíquense; llenen la tierra y sométanla;
> dominen a los peces del mar y a las aves del cielo, y a todos los rep-
> tiles que se arrastran por el suelo» (Génesis 1:28).

La palabra traducida «dominen» (del hebreo *käbash*) implica
que Adán y Eva deberían hacer que los recursos de la tierra fueran
útiles para su propio beneficio, y esto implica que Dios se proponía
que desarrollaran la tierra, de suerte que pudieran poseer productos agrícolas y animales, luego casas y obras de artesanía y belleza, y
eventualmente edificios, medios de transporte, ciudades e inven-
ciones de toda suerte.

Los productos manufacturados nos brindan oportunidad de alabar a Dios por todo lo que vemos en el mundo alrededor nuestro.

Imagínese qué pasaría si fuéramos capaces, de alguna manera, de transportar a Adán y a Eva, antes de que pecaran, dentro de un hogar americano del siglo XXI. Luego de darles ropa apropiada, abriríamos la llave para ofrecerles un vaso de agua, y ellos preguntarían,

—¿Qué es eso?

Cuando le explicáramos que las cañerías nos permiten tener agua cuando la queramos, exclamarían:

—Quiere decir que Dios ha puesto en la tierra materiales que le permiten a usted hacer ese sistema de distribución de agua?

—Sí —responderíamos.

—¡Entonces *alabado sea Dios* por darnos tan espléndida tierra! Y alabado sea por darnos el conocimiento y la destreza para ser capaces de fabricar ese sistema de distribución de agua!

Ellos tendrían corazones sensibles al deseo de Dios de recibir honra en todas las cosas.

El refrigerador traería a sus labios aun más loas a Dios. Y lo mismo las luces eléctricas y el periódico y el horno y el teléfono, etc. El corazón le saltaría de gratitud al Creador que escondió tan maravillosos materiales en la tierra y también otorgó a los seres humanos tal destreza para trabajar con ellos. Y como los corazones de Adán y Eva estaban llenos de desbordante gratitud a Dios, Dios lo vería y estaría complacido. Miraría con deleite cómo el hombre y la mujer, hechos a su imagen, dieron gloria a su Creador y llenaron el propósito para lo cual fueron creados.

Al contemplar cualquier objeto manufacturado, no importa cuán común sea, ¿podemos no solo descubrir cientos de maravillas de la creación de Dios en las cosas que hemos sido capaces de hacer derivadas de la tierra? Tal riqueza y variedad no ha sido hallada en ninguno de los otros planetas que conocemos.

...toda la tierra está llena de su gloria (Isaías 6:3)

Dios no tuvo que crearnos con una necesidad de cosas materiales o una necesidad de servicios de otras personas (piénsese en los ángeles, que aparentemente no tienen tales necesidades), pero en su sabiduría escogió hacerlo así. Puede ser que Dios nos creó con tales necesidades porque sabía que *en el proceso del trabajo productivo* tendríamos muchas oportunidades de glorificarlo. Cuando trabajamos para producir (por ejemplo) un par de zapatos con los recursos de la tierra, Dios nos ve imitando sus atributos de sabiduría, conocimiento, destreza, fuerza, creatividad, apreciación de la belleza, soberanía, planeando para el futuro y haciendo uso del lenguaje para comunicarnos. Además, cuando producimos pares de zapatos para que otros los usen, demostramos amor por otros, sabiduría en comprender sus necesidades e interdependencia y cooperación interpersonal (que son reflejos de la existencia trinitaria de Dios). Si hacemos esto, como dice Pablo, mientras trabajamos de corazón, «como para el Señor y no para los hombres» (Colosenses 3:23, *RVR-60*), y si nuestros corazones tienen gozo y agradecimiento a Dios al fabricar este par de zapatos, Dios se deleita de ver su excelente carácter reflejado en nuestras vidas, y otros verán algo del carácter de Dios en nosotros también. Y así ocurre con todo bien manufacturado, y todo servicio que realizamos por sueldo para el beneficio de otros. Como dijo Jesús, así hacemos que nuestra luz

«alumbre delante de los hombres, para que vean vuestras buenas obras, y glorifiquen a vuestro Padre que está en los cielos» (Mateo 5:16, *RVR-60*).

Es por eso que Dios nos creó con deseo de ser productivos, para hacer o realizar algo útil para otras personas. Por consiguiente, los deseos humanos de incrementar la producción de bienes y servicios no son de por sí codiciosos ni materialistas ni malos. Más bien tales deseos, para ser más productivos, representan los deseos que Dios puso en nosotros de consumar, lograr y resolver problemas. Representan los deseos que nos inculcó Dios de ejercer dominio sobre la tierra y ejercer fiel mayordomía de modo que nosotros y otros podamos gozar de los recursos de la tierra que Dios creó para nuestro uso y nuestro disfrute.

Esto es consecuente con el mandamiento de Dios a Adán y Eva en Génesis 1:28:

«Sean fructíferos y multiplíquense; llenen la tierra y sométanla; dominen a los peces del mar y a las aves del cielo, y a todos los reptiles que se arrastran por el suelo».

El mandato de Dios de «someter» la tierra implicaba realizar trabajo productivo para hacer que los recursos de la tierra fueran útiles para ellos mismos y para otros. Eso es lo que deseaba que hicieran Adán y Eva, y esa es una de las cosas que desea que nosotros hagamos también.

Por consiguiente, en contraste con la actitud de algunas personas hacia la vida hoy, el *trabajo productivo* no es malo ni indeseable de por sí, ni algo que deba evitarse. El trabajo productivo no debe verse como «malo», sino como algo «bueno». En realidad, la Biblia no ve con ojos positivos la idea de retirarse temprano y no trabajar en nada otra vez. Más bien, el trabajo de por sí es también algo que es *fundamentalmente bueno* y que Dios nos dio, porque fue lo que

Dios ordenó a Adán y Eva que hicieran antes de que hubiera pecado en el mundo. Aunque el trabajo desde la Caída tiene aspectos
de dolor y futilidad (véase Génesis 3:17-19), no es sin embargo
moralmente neutral, sino *fundamentalmente bueno* y agradable a
Dios.

Obstruir y reducir la productividad de la tierra (como cuando
la guerra destruye fábricas y haciendas, o cuando los gobiernos les
impiden funcionar) no es bueno, debido a que esto permite que la
maldición que Dios impuso en Génesis 3 gane más y más influencia en el mundo, y ese es el objetivo de Satán, no el de Dios. Después que Dios impuso la maldición que exigía su justicia, la
historia de la Biblia es la historia de Dios en su empeño de vencer
progresivamente la maldición, y aumentar la productividad del
mundo es algo que debemos hacer como un aspecto de la tarea.

Pero a todas las producciones de bienes y servicios las acompañan fuertes tentaciones. Existe la tentación de nuestros corazones
de apartarnos de Dios y enfocarnos en cosas materiales como fin
en sí mismo. Hay también las tentaciones del orgullo, y de apartar
nuestros corazones del amor por nuestro prójimo y caer en el
egoísmo, la codicia y la dureza del corazón. Hay tentaciones de
producir bienes que traen compensación monetaria, pero que son
dañinas y destructivas y malas (tales como la pornografía y las dro-
gas).

Pero las distorsiones de algo bueno no deben inducirnos a pensar que la cosa en sí sea mala. Aumentar la producción de bienes y
servicios no es algo moralmente neutral, sino *fundamentalmente
bueno* y que complace a Dios.

3

Empleo

*Contratar personas para trabajar es fundamentalmente bueno
y ofrece muchas oportunidades para glorificar a Dios,
pero también muchas tentaciones para pecar*

EN CONTRASTE con la teoría marxista, la Biblia no ve como un
mal que una persona contrate a otra persona y perciba ganancia del
trabajo de esa persona. Esto no es necesariamente «explotar» al empleado. Más bien Jesús dijo:

«el obrero es digno de su salario» (Lucas 10:7, *RVR-60*)

y con esa declaración implícitamente aprobó la idea de pagar
sueldo a los empleados. En realidad, las parábolas de Jesús hablan
de sirvientes y patronos, y de personas que pagan a otras por su trabajo, y no dice para nada que contratar a las personas para trabajar
por un salario sea malo o incorrecto. Y Juan el Bautista dijo a los
soldados: «Confórmense con lo que les pagan» (Lucas 3:14).

En algunas ocupaciones, ser empleado de alguien es necesario,
porque algunas personas venden servicios y no bienes. En el mundo antiguo, una criada, un mensajero o un labrador en una finca
trabajaba para otro; y en el mundo moderno, un maestro, una ni-
ñera, un pintor o un plomero gana dinero cuando lo contrata por
otra persona. Pero el que una persona contrate a otra es también

necesario para una mayor producción de bienes. Muchos productos solo lo pueden fabricar un grupo de personas trabajando juntas. En el mundo antiguo, la construcción de barcos y la navegación solo podía hacerse contratando a muchas personas, y en el mundo moderno, la construcción de aeroplanos, barcos, fábricas de acero y en la mayoría de los casos casas y computadoras, y muchos otros bienes de consumo, solo puede hacerse contratando a otras personas, porque las tareas son muy largas y complicadas para una sola persona. Pero trabajar en grupos exige la vigilancia de un administrador, y éste es más a menudo un propietario que paga a los otros por su trabajo.

Esta es una maravillosa capacidad que Dios nos ha dado. Pagar a otra persona por su labor es una actividad que es únicamente humana, y no la tiene ninguna otra criatura. La capacidad de trabajar para otra persona para recibir paga, o pagar a otra persona por su labor, es otra forma en que Dios nos ha creado para que seamos capaces de glorificarlo más plenamente en tales relaciones.

Las relaciones entre patrono y empleado brindan muchas oportunidades de glorificar a Dios. De ambos lados de la transacción podemos imitar a Dios, y él se sentirá complacido con nosotros cuando nos vea mostrando honradez, equidad, integridad, bondad, sabiduría y capacidad, y cumpliendo con nuestra palabra sobre cuánto prometimos pagar o qué trabajo convinimos en hacer. La relación entre patrono y empleado también brinda la oportunidad de demostrar el adecuado ejercicio de autoridad y la adecuada respuesta a la autoridad, en imitación de la autoridad que ha existido eternamente entre el Padre y el Hijo en la Trinidad.

Cuando el acuerdo entre patrono y empleado funciona adecuadamente, ambas partes se benefician. Esto permite que el amor hacia la otra persona se manifieste. Por ejemplo, digamos que yo desempeño un empleo de hacer camisas en la tienda de alguien. Yo puedo sinceramente procurar el bien de mi patrono y tratar de hacer tantas camisas como me sea posible conjuntamente con la atención a la calidad (compárese 1 Timoteo 6:2), y él puede procurar mi bien, porque me pagará al fin de la semana por una labor bien hecha. Como en toda buena transacción empresarial, ambas partes terminan en condiciones mejores que antes. En este caso, tengo más dinero al fin de la semana de lo que tenía antes, y mi patrono dispone de más camisas para llevar al mercado que lo que tenía antes. Así, pues, hemos trabajado juntos para producir algo que no existía en el mundo antes de esa semana. El mundo es quinientas camisas «más rico»que cuando comenzó la semana. Juntos hemos creado alguna nueva «riqueza» en el mundo. Este es un pequeño ejemplo de obedecer el mandato de Dios de «dominar» la tierra (Génesis 1:28) y hacer que sus recursos sean útiles para la humanidad. Ahora, si multiplicamos eso por millones de fábricas, millones de trabajadores y millones de diferentes productos, es evidente cómo el mundo gana «riqueza» material que no existía antes: un patrono que contrata a un empleado para fabricar algo ha creado nuevos productos.

Por consiguiente, si usted me contrata para trabajar en su negocio, me está haciendo un bien y está proporcionando a usted y a mí muchas oportunidades de glorificar a Dios. Es lo mismo que contratar a personas para producir servicios, ya sea contratar maestros para enseñar en una escuela, médicos para atender a las personas en una clínica, mecánicos para arreglar automóviles o pintores para pintar casas. La relación entre patrono y empleado capacita a las personas para crear servicios para otros que no existían antes.

Sin embargo, las relaciones patrono/empleado conllevan muchas tentaciones. Un patrono puede ejercer su autoridad con rudeza, opresión e injusticia. Podría retener el pago arbitraria e irrazonablemente (contrario a Levítico 19:13) o podría pagar menos de lo justo a sus obreros, manteniendo los salarios tan bajos que los obreros no tienen oportunidad de mejorar su nivel de vida (contrario a Deuteronomio 24:14). Podría también llegar a inflarse con orgullo. Santiago escribe acerca de tales pecados de los patronos opresores:

> Oigan cómo clama contra ustedes el salario no pagado a los obreros que les trabajaron sus campos. El clamor de esos trabajadores ha llegado a oídos del Señor Todopoderoso. (Santiago 5:4)

Los empleados también tienen tentaciones de pecar por negligencia en el trabajo (véase Proverbios 18:9), pereza, celos, amargura, rebeldía, deshonestidad o robo (véase Tito 2:9-10)

Pero las distorsiones de algo bueno no deben inducirnos a pensar que la cosa en sí es mala. Las relaciones patrono/empleado no son en sí mismas moralmente neutrales, sino fundamentalmente buenas y agradables a Dios, porque brindan muchas oportunidades de imitar el carácter de Dios y glorificarlo.

4

Transacciones
comerciales

Comprar y vender son cosas fundamentalmente buenas y brindan
muchas oportunidades de glorificar a Dios, pero también muchas
tentaciones para pecar

VARIOS PASAJES de las Escrituras asumen que comprar y vender es
algo moralmente correcto. Sobre la venta de tierras en el antiguo
Israel, la ley de Dios dice:

> «Y cuando vendiereis algo a vuestro prójimo, o comprareis de
> mano de vuestro prójimo, no engañe ninguno a su hermano»
> (Levítico 25:14)

Esto implica que es *posible* y en realidad *se espera* que las personas compren y vendan *sin* maldad el uno al otro, de manera que
tanto el comprador como el vendedor puedan *actuar correctamente*
en la transacción (véase también Génesis 41:57; Levítico 19:35-36;
Deuteronomio 25:13-16; Proverbios 11:26; 31:16; Jeremías 32:25,
42-44).

Es más, comprar y vender son necesarios para todo más allá del
nivel de subsistencia, y estas actividades son otra parte de lo que
nos distingue del reino animal. Ningún individuo o familia que

produjera para todas sus necesidades podría producir más que para un nivel de vida muy bajo (esto es, si no pudiera comprar ni vender *absolutamente nada* y tuviera que vivir solo de lo que pudiera producir, lo que sería un nivel bastante sencillo de alimento y vestido). Pero cuando podemos vender lo que hacemos y compramos de otros que se especializan en producir leche o pan, jugo de tomate o arándanos, bicicletas o televisores, carros o computadoras, mediante el mecanismo de comprar y vender podemos entonces todos obtener un nivel de vida mucho más alto, y por tanto completar el propósito de Dios de que gocemos los recursos de la tierra con acción de gracias (1 Timoteo 4:3-5; 6:17) mientras «comemos» y «bebemos» y «hacemos todo para la gloria de Dios» (1 Corintios 10:31)

Por consiguiente no debemos mirar las transacciones comerciales como un mal necesario o algo moralmente neutral. Más bien, las transacciones comerciales son *de por sí buenas* porque mediante ellas hacemos bien a otras personas. Esto es debido a la maravillosa verdad de que, en la mayoría de los casos, *las transacciones comerciales voluntarias benefician a ambas partes*. Si yo le vendo a usted un ejemplar de mi libro por doce dólares, yo recibo algo que deseo más que ese ejemplar del libro: obtengo sus doce dólares. Así, pues, estoy mejor de lo que estaba antes, cuando tenía demasiados ejemplares de ese libro, ejemplares que no iba a leer nunca. Y estoy feliz. Pero usted obtuvo algo que usted deseaba más que sus doce dólares. Usted deseaba un ejemplar de mi libro, que usted no tenía. De modo que usted está mejor ahora de lo que estaba antes, y usted está feliz. Así, pues, otorgándonos la capacidad de comprar y vender, Dios nos ha dado un maravilloso mecanismo mediante el cual podemos hacernos bien el uno al otro. Debemos ser agradecidos por este proceso cada vez que compremos o vendamos algo. Podemos sinceramente ver el comprar y vender como un medio de amar a nuestro prójimo como a nosotros mismos.

Comprar y vender son actividades únicas de los seres humanos entre todas las criaturas que Dios creó. Los conejos y las ardillas, los perros y los gatos, los elefantes y las jirafas no saben nada de esta actividad. Mediante el comprar y vender, Dios nos ha dado un medio maravilloso de glorificarlo a él.

Podemos imitar los atributos de Dios cada vez que compramos y vendemos, si practicamos la honestidad, la lealtad a nuestros compromisos, la equidad y la libertad de selección. Además, las transacciones comerciales brindan muchas oportunidades para la interacción personal, como cuando comprendo que estoy comprando, no de una tienda sino de una persona, a quien debo mostrar bondad y gracia divinas. En realidad, toda transacción comercial es una oportunidad que tenemos de ser justos y veraces y así obedecer las enseñanzas de Jesús:

«Así que en todo traten ustedes a los demás tal y como quieren que ellos los traten a ustedes. De hecho, esto es la ley y los profetas» (Mateo 7:12)

Debido a la naturaleza interpersonal de las transacciones comerciales, la actividad empresarial tiene significativa influencia estabilizadora sobre la sociedad. A un labriego individual puede no gustarle mucho un mecánico de automóviles en el pueblo, y al mecánico de automóviles puede no gustarle el campesino mucho, pero el campesino *sí* desea que le arreglen su auto la próxima vez que se rompa, y el mecánico de automóviles *sí* gusta del maíz dulce y los tomates que el campesino vende; así sucede para su mutua ventaja el que se lleven bien el uno al otro, y cese su animosidad. ¡En realidad, pueden aun procurar el bien de la otra persona por esta razón! Así ocurre con las transacciones comerciales en todo el mundo y aun entre las naciones. Esto es una evidencia de la gracia común de Dios, porque en el mecanismo de comprar y vender Dios ha provisto a la raza humana de un maravilloso estímulo para amar a nuestro prójimo, llevando a cabo acciones que impulsen no solo nuestro propio bienestar sino también el bienestar de otros… aun mientras buscamos el nuestro. En comprar y vender nosotros también manifestamos interdependencia y así reflejamos la interdependencia y el amor interpersonal entre los miembros de la Trinidad. Por tanto, para aquellos que tienen ojos para ver, las transacciones comerciales proporcionan otros medios de manifestar la gloria de Dios en nuestras vidas.

Sin embargo, las transacciones comerciales traen consigo muchas tentaciones para pecar. Más bien que buscar el bien de nuestros prójimos como también para nosotros, nuestros corazones pueden estar llenos de codicia, de suerte que busquemos solo nuestro propio bien, y no pensar en el bien de otros. (Esto ocurriría, por ejemplo, cuando una persona en una transacción comercial desea el 99% o el 100% de beneficio y desea que el de la otra persona se reduzca al 1%). O nuestros corazones pueden estar llenos de egoísmo, de un deseo excesivo de riqueza, y estar dispuestos solo para la ganancia material. Pablo dice:

Los que quieren enriquecerse caen en la tentación y se vuelven esclavos de sus muchos deseos. Estos afanes insensatos y dañinos hunden a la gente en la ruina y en la destrucción. Porque el amor al dinero es la raíz de toda clase de males. Por codiciarlo, algunos se han desviado de la fe y se han causado muchísimos sinsabores. (1 Timoteo 6:9-10)

A causa del pecado, podemos también actuar con deshonestidad y vender materiales de mala calidad, cuyos defectos están cubiertos con pintura lustrosa. Donde hay excesiva concentración de poder o un gran desequilibrio de conocimiento, con frecuencia sufren opresión los que carecen de poder o conocimiento (como en los monopolios patrocinados por el gobierno donde a los consumidores solo se les permite acceso a productos de baja calidad y altos precios porque solo hay un fabricante por cada producto.

Tristemente, aun algunos que se llaman cristianos son deshonestos en sus negocios. He escuchado varias narraciones de amigos cristianos sobre cómo otros llamados «cristianos» han faltado a su palabra, han «olvidado» sus promesas de tipo comercial o han dejado de cumplirlas, han traicionado la confianza del socio, han realizado una labor pobre o han sido deshonestos respecto de un producto o la condición de una compañía. Estas acciones, realizadas por una minoría en la comunidad cristiana, traen crítica sobre toda la iglesia y deshonor al nombre de Jesucristo. Tales acciones no deben esconderse bajo la alfombra, sino ser sometidas al proceso de confrontación personal y la disciplina eclesiástica que Jesús bosquejó en Mateo 18:15-20.

Pero las distorsiones de algo que es bueno no deben hacernos pensar que la cosa en sí sea mala. Las transacciones comerciales en sí mismas son fundamentalmente correctas y complacen a Dios. Son un maravilloso regalo de él mediante el cual nos ha capacitado para tener muchas oportunidades de glorificarlo.

5

GANANCIA

*Obtener ganancia es fundamentalmente bueno y brinda
muchas oportunidades de glorificar a Dios,
pero también muchas tentaciones para pecar.*

¿QUÉ ES OBTENER GANANCIA? Fundamentalmente, es vender un producto por más del costo de su producción. Si yo tengo una panadería y horneo 100 hogazas de pan a un costo de $100, pero las vendo por un total de $200, he tenido una ganancia de $100. Pero si las personas están dispuestas a pagar $2 por cada una de mis hogazas de pan, quiere decir que piensan que lo que he producido tiene valor: ¡el pan que me costó $1 merece los $2 para ellos! Esto muestra que mi trabajo ha añadido *algún valor* a los materiales que usé. Ganancia es, pues, una indicación de que yo he hecho algo útil para otros, y en esa forma puede indicar que yo estoy haciendo bien a otros en los bienes y servicios que yo vendo.

Además, la ganancia puede indicar que yo he usado recursos más eficientemente que otros, porque mis costos son más bajos, mi ganancia es mayor. Si otro panadero empleó alguna harina y alguna levadura y gastó $125 para hacer 100 hogazas, su ganancia fue menor que la mía. Pero usar recursos más eficientemente (no malgastándolos) es también algo bueno, ya que hay más recursos y más baratos que quedan para que otros los usen también. Por lo tanto, la ganancia es indicación de que estoy haciendo uso bueno y eficiente de los recursos de la tierra, obedeciendo así el original «mandato de la creación» de «someter» la tierra:

> «Sean fructíferos y multiplíquense; llenen la tierra y sométanla; dominen a los peces del mar y a las aves del cielo, y a todos los reptiles que se arrastran por el suelo» (Génesis 1:28)

En la parábola del dinero (o minas) Jesús cuenta de un hombre noble que llamó a sus siervos y le dio cierta cantidad de dinero a cada uno (casi tres meses de sueldo) y les dijo, «Hagan negocio con este dinero hasta que yo vuelva» (Lucas 19:13). El siervo que tuvo una ganancia de mil por ciento fue recompensado grandemente, porque cuando dice: «Gané diez veces más de lo que usted me dio», el noble le responde:

«¡Excelente!, eres un empleado bueno. Ya que cuidaste muy bien lo poco que te di, te nombro gobernador de diez ciudades» (v. 17)

El siervo que ganó cinco veces más lo que le dieron recibe autoridad sobre cinco ciudades, y *el que no obtuvo ganancia recibe un regaño* por no haber, al menos, puesto el dinero en el banco para ganar intereses (v. 23)

El hombre noble, por supuesto, representa a Jesús mismo, quien fue a un país lejano a recibir un reino y regresó a premiar a sus siervos. La parábola tiene aplicaciones obvias a la mayordomía de dones y ministerios espirituales que Jesús nos confía, pero a fin de que la parábola tenga sentido, tiene que asumirse que la *buena mayordomía, a los ojos de Dios, incluye la expansión y multiplicación de cualquier recurso o mayordomía que Dios te haya confiado*. Claro que no podemos excluir el dinero y las posesiones materiales de la aplicación de la parábola, porque ello forma parte de lo que Dios nos confía a cada uno de nosotros, y nuestro dinero y posesiones pueden y deben ser usados para glorificar a Dios. El procurar ganancia, por consiguiente, o procurar la multiplicación de nuestros recursos, es visto como fundamentalmente bueno. No hacerlo lo condena el amo cuando regrese.

La parábola de las monedas de oro o talentos (Mateo 25:14-30) tiene un sentido similar, pero las cantidades son mayores, porque mil monedas de aquellas significaban unos veinte años de salarios para un labrador, y cada uno recibe diferentes sumas de inicio.

Una suposición similar está detrás de la aprobación que recibe la esposa ideal en Proverbios 31:

Se complace en la prosperidad de sus negocios (v. 18).

Se refiere a transacciones comerciales que producen ganancias. Esta «esposa excelente» recibe elogios por vender productos para obtener ganancia,

Algunas personas objetarán que obtener una ganancia es «explotar» a otras personas. ¿Por qué debo cobrarle a usted $2 por una hogaza de pan si ésta solo me costó $1 producirla? Una razón es que usted está pagando no solo por mis materias primas sino también por mi trabajo como «empresario». Está pagando por mi tiempo en hornear el pan, mi destreza al hornear que aprendí al costo de más de mi tiempo, mi habilidad en buscar y organizar los materiales y el equipo para hornear pan, y (notablemente) ¡por los riesgos que corro en hornear cien hogazas de pan cada día antes de que los compradores hayan aun entrado en mi tienda!

En cualquier sociedad, algunas personas son demasiado cuidadosas por naturaleza para asumir los riesgos que encierra abrir y llevar un negocio, pero otros están dispuestos a correr ese riesgo, y es correcto darle a ellos alguna *ganancia* como compensación por asumir esos riesgos que benefician al resto de nosotros. Es de esperar que tal compensación motive a las personas a abrir negocios y asumir tales riesgos. Si las ganancias no estuviesen permitidas en una sociedad, las personas no asumirían tales riesgos, y nosotros contaríamos con muy pocos artículos disponibles para comprar. El permitir ganancias, por consiguiente, es algo muy bueno que trae beneficios a cada persona en la sociedad.

Por supuesto, puede haber ganancia ilícita. Por ejemplo, si existe una gran disparidad en el poder y el conocimiento entre usted y yo, y me aprovecho de esa ventaja y lo engaño, yo no estaría obedeciendo el mandato de Jesús,

> Así que en todo traten ustedes a los demás tal y como quieren que ellos los traten a ustedes. De hecho, esto es la ley y los profetas (Mateo 7:12).

O si estoy a cargo del monopolio de un producto necesario, de modo que la gente solo pueda comprarme a mí pan o agua o gasolina, y no otros suministradores puedan entrar en el mercado, y si yo entonces cobro un precio exorbitante que reduzca la riqueza del público, por supuesto que esa clase de ganancia es excesiva e injusta. Allí es donde la obtención de una ganancia trae tentación.

Pero la distorsión de algo bueno no debe hacernos pensar que la cosa en sí es mala. Si la ganancia tiene lugar dentro de un sistema de intercambio voluntario no distorsionado por el poder del monopolio, la deshonestidad o una gran diferencia de conocimiento, cuando yo obtengo una ganancia también lo ayudo. Usted ha salido mejor, porque tiene la hogaza de pan que deseaba, y yo estoy mejor porque obtuve una ganancia de $1, y eso me mantiene en el negocio y me hace desear producir más pan también. Todos ganamos, y a nadie se explota. Mediante este proceso, a medida que mi negocio gana y crece, yo continúo glorificando a Dios mediante la expansión de las posesiones sobre las cuales soy «soberano» y sobre las cuales puedo ejercer una sabia mayordomía.

La capacidad de obtener una ganancia trae consigo la multiplicación de nuestros recursos a la vez que ayuda a otras personas. Esta es una maravillosa capacidad que Dios nos otorgó y que no es mala ni moralmente neutral, sino fundamentalmente buena. Mediante ella podemos reflejar muchos de los atributos de Dios, tal como el amor hacia otros, la sabiduría, la soberanía y los planes para el futuro.

DINERO

El dinero es fundamentalmente bueno y brinda muchas oportunidades para glorificar a Dios, pero también muchas tentaciones para pecar

MUCHAS PERSONAS ALGUNAS VECES DICEN «el dinero es la raíz de todos los males», pero la Biblia no dice eso. Lo que Pablo dice en 1 Timoteo 6:10,

el *amor al dinero* es la raíz de toda clase de males,

pero eso habla del amor al dinero, no del dinero en sí.

En realidad, *el dinero es fundamentalmente bueno* porque es una invención humana que nos separa del reino animal y nos capacita para sojuzgar la tierra y producir de ella bienes y servicios que brindan beneficio a otros. El dinero capacita a toda la humanidad para ser productiva y gozar los frutos de esa productividad miles de veces más extensamente de lo que podríamos si el ser humano no tuviera dinero, y solo tuviéramos que practicar el trueque entre nosotros.

Sin dinero, yo tendría solo una cosa que comerciar, y serían ejemplares de mis libros. Yo tendría cientos de ejemplares de mi libro *Teología sistemática*[1], por ejemplo, pero en un mundo sin dinero no tendría idea si un volumen valía una hogaza de pan, o dos camisas, o una bicicleta o un carro. ¡Y el bodeguero podría no estar interesado en leer mi libro, de modo que pudiera no intercambiar una cesta de víveres ni por 100 libros! Pronto, los comerciantes que aceptaron mi libro en trueque no querrían otro más, ni un tercero, y yo terminaría con montones de libros sin poder encontrar más personas que deseen intercambiar algo por ellos. Sin dinero, pronto me vería forzado a revertir para la subsistencia plantando un huerto y criando vacas y pollos, y quizás intercambiando unos cuantos huevos de vez en cuando. Y así haría usted, con lo que pudiera producir.

Pero el dinero es por lo que *todo el mundo* está dispuesto a cambiar productos, porque es algo por lo que *todos* están dispuestos a canjear productos. Con un sistema monetario, yo de inmediato sé cuanto valor tiene un ejemplar de mi libro. Este vale $40, porque eso es lo que muchos miles de personas han decidido que están dispuestos a pagar por él.

El dinero también conserva el valor de algo hasta que lo gasto en otra cosa. Cuando yo obtengo los $40, ese dinero temporalmente mantiene el valor de mi libro hasta que puedo ir a la tienda y le digo al tendero que quisiera intercambiar los $40 por algunos comestibles. El mismo tendero, que no habría intercambiado *ningún* comestible por un libro sobre teología, con sumo gusto acepta mis $40 en dinero, porque sabe que puede intercambiar ese dinero por *algo* que desea y que cuesta $40.

Así, pues, el dinero es un instrumento para nuestro uso, y podemos con toda razón agradecer a Dios que en su sabiduría lo ordenó todo para que pudiéramos inventarlo y usarlo. Este es sencillamente un «instrumento de cambio», algo que hace posible los intercambios voluntarios.

Es un artículo... que está legalmente establecido como un intercambio equivalente a mercancías tales como bienes y servicios, y se usa como medida de sus valores comparativos en el mercado.[2]

El dinero hace los intercambios voluntarios más justos, menos desperdiciadores y mucho más amplios. Necesitamos dinero en el mundo a fin de que seamos buenos mayordomos de la tierra y glorifiquemos a Dios usándolo sabiamente.

Si el dinero fuese un mal en sí mismo, Dios no tendría ninguno. Pero él dice:

—Mía es la plata, y mío es el oro —afirma el Señor Todopoderoso (Hageo 2:8).

Todo el dinero le pertenece, y nos lo confía para que mediante el mismo lo glorifiquemos.

El dinero brinda muchas oportunidades de glorificar a Dios mediante las inversiones y la expansión de nuestra mayordomía, con lo que imitamos la soberanía y la sabiduría de Dios; mediante la satisfacción de nuestras necesidades, con lo que imitamos la independencia de Dios; mediante las dádivas a otros , con lo que imitamos la misericordia y el amor de Dios; o mediante nuestras ofrendas a la iglesia y la evangelización, con lo que traemos a otros al reino.

Sin embargo, debido a que el dinero lleva consigo mucho poder y mucho valor, constituye una fuerte responsabilidad y presenta constantes tentaciones. Podemos llegar a entramparnos en el amor al dinero (1 Timoteo 6:10), y éste puede apartar nuestros corazones de Dios. Jesús advirtió: «No se puede servir a la vez a Dios y a las riquezas» (Mateo 6:24), y nos previno contra acumularlo en exceso y no usarlo para lo bueno:

> «No acumulen para sí tesoros en la tierra, donde la polilla y el óxido destruyen, y donde los ladrones se meten a robar. Más bien, acumulen para sí tesoros en el cielo, donde ni la polilla ni el óxido carcomen, ni los ladrones se meten a robar. Porque donde esté tu tesoro, allí estará también tu corazón» (Mateo 6:19-21).

Pero la distorsión de algo bueno no debe hacernos pensar que sea en sí malo. El dinero es bueno en sí mismo, y nos brinda muchas oportunidades de glorificar a Dios.

DESIGUALDAD DE POSESIONES

*Cierta desigualdad de posesiones es fundamentalmente buena
y brinda muchas oportunidades para glorificar a Dios, pero
también muchas tentaciones para pecar; y algunas
desigualdades extremas son de por sí incorrectas*

PUEDE PARECERNOS SORPRENDENTE pensar que algunas desigualdades de posesiones puedan ser buenas y agradables a Dios. Sin embargo, aunque no hay pecado ni mal en el cielo, la Biblia enseña que hay varios grados de recompensa en el cielo y varias clases de mayordomía que Dios confía a diferentes personas. Cuando estemos delante de Jesús para dar cuenta de nuestras vidas, él le dirá a una persona,

«Te doy el gobierno de diez ciudades»,

y a otra

«A ti te pongo sobre cinco ciudades» (Lucas 19: 17, 19)

Por consiguiente, habrá desigualdades de mayordomía y responsabilidad en la edad futura. Esto quiere decir que la idea de la desigualdad en la mayordomía en sí misma la concede Dios y debe ser buena.

En una enseñanza similar, Pablo, dirigiéndose a los creyentes, dice: «*Es necesario que todos comparezcamos ante el tribunal de Cristo*, para que cada uno reciba lo que le corresponda, *según lo bueno o malo que haya hecho mientras vivió en el cuerpo*» (2 Corintios 5:10) Esto implica *grados de recompensa* por lo que hemos hecho en esta vida. Muchos otros pasajes enseñan o implican grados de recompensa para los creyentes en el juicio final.[1] Aun entre los ángeles hay diferentes niveles de autoridad y mayordomía que Dios ha establecido, y por lo tanto no podemos decir que un sistema es erróneo o pecaminoso en sí.

Las desigualdades son necesarias en un mundo que requiere una gran variedad de tareas. Algunas tareas requieren mayordomía de grandes sumas de recursos (tal como la propiedad de una fábrica de acero o una compañía que fabrica aviones), y algunas tareas exigen mayordomía de pequeñas cantidades de recursos. Y Dios ha dado a algunas personas mayor capacidad que a otras. Capacidad para el arte o la música, para las matemáticas o la ciencia, para el liderazgo, para los negocios y para comprar y vender, etcétera. Si la recompensa para la labor de cada cual se otorga con equidad y está basada en el valor de lo que cada persona produce, los que tienen mayores habilidades naturalmente obtendrán mayor recompensa. Puesto que las personas se diferencian en capacidades y esfuerzos, no creo que podría haber un sistema justo de recompensa para el trabajo, a menos que el sistema ofrezca diferente recompensa para diferentes personas. La equidad de la recompensa exige tales diferencias.

De hecho, Dios nunca ha tenido como meta producir igualdad de posesiones entre las personas, y nunca lo hará. En el Año del Jubileo (Levíticos 25), la tierra cultivable era devuelta a sus previos dueños y las deudas eran canceladas, pero no había emparejamiento de dinero, joyas, reses, ovejas y casas dentro de ciudad amurallada, y no se devolvían a los previos dueños (v. 30).

Algunas personas han visto un argumento en favor de la igualdad de posesiones en 2 de Corintios 8, pero allí Pablo no dice que la meta de Dios era la igualdad. Por ejemplo, no le dijo a los corintios ricos que enviaran dinero a los pobres de Macedonia mencionados en 2 Corintios 8:1-5, sino solo que debían tener una justa participación en ayudar a los cristianos víctimas del hambre en Jerusalén:

> … No se trata de que otros encuentren alivio mientras que ustedes sufren escasez; es más bien cuestión de *igualdad*. En las circunstancias actuales la abundancia de ustedes suplirá lo que ellos necesitan, para que a su vez la abundancia de ellos supla lo que ustedes necesitan. Así habrá *igualdad* (2 Corintios 8:13-14; la palabra griega *isotes* también se traduce «equitativo» en Colosenses 4:1, donde no puede significar igualdad»).

Ni el libro de Hechos enseña ningún tipo de «comunismo primitivo» cuando dice que los creyentes tenían todas las cosas en común. Es importante fijarse en el pasaje detenidamente:

> Todos los creyentes estaban juntos y tenían todo en común: vendían sus propiedades y posesiones, y compartían sus bienes entre sí según la necesidad de cada uno. No dejaban de reunirse en el templo ni un solo día. De casa en casa partían el pan y compartían la comida con alegría y generosidad (Hechos 2: 44-46).

> Todos los creyentes eran de un solo sentir y pensar. Nadie consideraba suya ninguna de sus posesiones, sino que las compartían. Los

apóstoles, a su vez, con gran poder seguían dando testimonio de la resurrección del Señor Jesús. La gracia de Dios se derramaba abundantemente sobre todos ellos, pues no había ningún necesitado en la comunidad. Quienes poseían casas o terrenos los vendían, llevaban el dinero de las ventas y lo entregaban a los apóstoles para que se distribuyera a cada uno según su necesidad (Hechos 4:32-35).

Estos textos ciertamente muestran un asombroso nivel de confianza en Dios, generosidad y amor de unos para otros, todo como resultado de un notable derramamiento del poder del Espíritu Santo en un momento de gran avivamiento. Pero es un grave error llamar a esto «comunismo primitivo», porque (1) las donaciones eran voluntarias y no eran obligadas por el gobierno, y (2) las personas todavía tenían posesiones personales, porque aun se reunían «en sus casas» (Hechos 2:46), y muchos otros cristianos después aun eran dueños de sus casas, como María, la madre de Juan Marcos (Hechos 12:12), Jasón (Hechos 17:56), Tito Justo (Hechos 18:7), muchos cristianos en Éfeso (Hechos 20:20), Felipe el evangelista (Hechos 21:8), Mnasón de Chipre (Hechos 21:16, en Jerusalén), Priscila y Aquila en Roma (Romanos 16:5; 1 Corintios 16:19), Ninfa (Colosenses 4:15), Filemón (Filemón 2) y otros cristianos en general a quienes Juan escribió (2 Juan 10).

Inmediatamente después de la descripción de tal asombrosa generosidad en Hechos 4, hay en el capítulo 5 la historia de Ananías y Safira, que mintieron sobre el precio de venta de algunas tierras. Pero Pedro les dice que no había necesidad de hacer esto:

«¿Acaso no era tuyo antes de venderlo? Y una vez vendido, ¿no estaba el dinero en tu poder? ¿Cómo se te ocurrió hacer esto? ¡No has mentido a los hombres sino a Dios!» (Hechos 5:4).

Resulta significativo que esta historia tenga lugar inmediatamente después del párrafo que dice «tenían todas las cosas en común» (Hechos 4:32, *RVR-60*). Esto nos dice que toda esa generosidad en Hechos 4 era voluntaria y no tenía la intención de nulificar el concepto de la propiedad individual y desigualdad de posesiones. Cuando Pedro dice,

«¿Acaso no era tuyo antes de venderlo? Y una vez vendido, ¿no estaba el dinero en tu poder?

reafirma el concepto de la propiedad privada y nos aparta de la idea errónea de que la iglesia estaba estableciendo como nuevo requisito que los cristianos renunciasen a toda propiedad, o que todos los cristianos tenían que tener igualdad de posesiones. Hechos 5:4 nos previene de tal malentendido.

Más tarde en el Nuevo Testamento, cuando Pablo da instrucciones específicas para los ricos, no les dice que renuncien a todas sus posesiones, sino que sean generosos y pongan sus esperanzas en Dios, y no en sus riquezas:

A los ricos de este mundo, mándales que no sean arrogantes ni pongan su esperanza en las riquezas, que son tan inseguras, sino en Dios, que nos provee de todo en abundancia para que lo disfrutemos. Mándales que hagan el bien, que sean ricos en buenas obras, y generosos, dispuestos a compartir lo que tienen. De este modo atesorarán para sí un seguro caudal para el futuro y obtendrán la vida verdadera (1 Timoteo 6:17-19)

De modo que no debemos pensar que todas las desigualdades de posesiones son incorrectas ni que constituyen un mal. En realidad, las desigualdades de posesiones brindan muchas oportunidades de glorificar a Dios.

Si Dios nos da una pequeña mayordomía con respecto a posesiones materiales o habilidades y oportunidades, podemos glorificarlo estando contentos en él, confiando en él en cuanto a nuestras necesidades, esperando recompensas de él y siendo fieles a nuestros compromisos. En realidad, aquellos que son pobres con frecuencia dan más sacrificialmente que los que son ricos. Jesús vio a una pobre viuda depositar un centavo en la ofrenda, y dijo a sus discípulos,

> «Les aseguro que esta viuda pobre ha echado en el tesoro más que todos los demás. Éstos dieron de lo que les sobraba; pero ella, de su pobreza, echó todo lo que tenía, todo su sustento» (Marcos 12:43-44)

Y Santiago nos dice:

> ¿No ha escogido Dios a los que son pobres según el mundo para que sean ricos en la fe y hereden el reino que prometió a quienes lo aman? (Santiago 2:5).

Así, pues, la Biblia no enseña un «evangelio de salud y riqueza» (¡por lo menos no hasta que lleguemos al cielo!). En la edad presente hay desigualdades de dones y capacidades, y hay también sistemas malos y opresivos en el mundo, y a causa de estas cosas muchas de las personas más rectas delante de Dios no serán ricas en esta vida.

Y en cuanto a aquellos que tienen grandes recursos, ellos también van a estar contentos en Dios y a confiar en él, no en sus riquezas, y Santiago y Pablo sugieren que ellos se enfrentan a mayores tentaciones (véase 1 Timoteo 6:9-10; Santiago2:6-7; 5:1-6) Los ricos tienen más oportunidades y también mayor obligación de dar generosamente al pobre (1 Timoteo 6:17-19) y a la obra de la iglesia (Lucas 12:48); 1 Corintios 4:2; 14:12b).

La desigualdad en posesiones, oportunidades y habilidades presentan muchas oportunidades para pecar. Hay tentaciones de parte del rico y de los que tienen otra grandes mayordomías de ser orgullosos, de ser egoístas, de pensar muy alto de sí mismos y no confiar en Dios. Por otra parte, las personas a quienes Dios ha confiado menos tienen la tentación de codiciar y celar y no valorar la posición y el llamado que tienen en la vida, a lo cual Dios los ha llamado, al menos por el momento.

Además de esto, hay algunos tipos extremos de desigualdades en posesiones y oportunidades que son incorrectas de por sí. La pobreza no existirá en la edad futura, y por eso la declaración de Jesús —«a los pobres siempre los tendrán entre ustedes» (Juan 12:8)— debe entenderse mejor con el significado de «siempre en estos tiempos». Esto no quiere decir que la pobreza durará para siempre, aun hasta la eternidad. La pobreza es uno de los resultados de vivir en un mundo afectado por el pecado y la Caída, y por la maldición de Dios sobre la productividad de la tierra después que Adán y Eva pecaron (Génesis 3:17-19)

Nosotros debemos procurar ayudar al pobre y buscar la superación de la pobreza. Juan dice:

Si alguien que posee bienes materiales ve que su hermano está pasando necesidad, y no tiene compasión de él, ¿cómo se puede decir que el amor de Dios habita en él? (1 Juan 3:17)

Y cuando Pablo fue a Jerusalén para confirmar la validez de su enseñanza en conversación con los apóstoles allí, encontró que ellos estaban de acuerdo, y entonces añadió:

Sólo nos pidieron que nos acordáramos de los pobres, y eso es precisamente lo que he venido haciendo con esmero (Gálatas 2:10; véase también Mateo 25:39-40; Hechos 2:45; 4:35; Romanos 12:13; 15:25-27; Efesios 4:28; Tito 3:14; Hebreos 13:16).

El énfasis en el Nuevo Testamento es en la ayuda a los *cristianos pobres*, especialmente los que están cerca de nosotros o que vienen a nuestra atención (véase 1 Juan 3:17; Mateo 25:39-40; Romanos 15:25-27; 2 Corintios 8—9). Pero es también correcto ayudar a los inconversos pobres y necesitados, como vemos en la parábola del Buen Samaritano, quien ayudó a alguien en necesidad de un diferente trasfondo religioso (Lucas 10:25-37). También vemos esto en las enseñanzas de Jesús, donde él nos dice:

«Amen a sus enemigos, háganles bien y denles prestado sin esperar nada a cambio. Así tendrán una gran recompensa y serán hijos del Altísimo, porque él es bondadoso con los ingratos y malvados» (Lucas 6:35); vea también la práctica de Jesús de sanar a todos los que iban a él, no solo a los que creían en él como el Mesías).

Así, pues, el énfasis que hace el Nuevo Testamento en ayudar al pobre nos muestra que existe una clase extrema de desigualdad que no es buena, un punto en que las personas están en pobreza y debe ayudárseles. (Exactamente qué es «pobreza» variará de sociedad en sociedad y también variará en el tiempo dentro de una sociedad).

Pero ¿existe un extremo opuesto de tener demasiada riqueza? En contraste con muchas admoniciones para ayudar al pobre, no hay un mandato correspondiente en el Nuevo Testamente de quitarle riquezas al que es muy rico, y no existe enseñanza que diga que una gran cantidad de riqueza es mala de por sí. Pero hay fuertes advertencias contra gastar demasiado en uno mismo y vivir en un lujo desenfrenado.

Ahora escuchen, ustedes los ricos: ¡lloren a gritos por las calamidades que se les vienen encima! … Se han oxidado su oro y su plata. Ese óxido dará testimonio contra ustedes y consumirá como fuego sus cuerpos. Han amontonado riquezas, ¡y eso que estamos en los últimos tiempos! … Ustedes han llevado en este mundo una vida de lujo y de placer desenfrenado. Lo que han hecho es engordar para el día de la matanza (Santiago 5:1, 3, 5).

Santiago no implica aquí que *todos* los que son ricos son malos, porque en el mismo pasaje habla del fraude y el asesinato cometido por esas personas ricas, lo que quiere decir que habla del rico que actúa mal (Santiago 5:4, 6). Pablo dice que Timoteo debe decirles a «los ricos de este mudo» que «no sean arrogantes ni pongan su esperanza en las riquezas, que son tan inseguras, sino en Dios, que nos provee de todo en abundancia para que lo disfrutemos». Pablo no dice que el rico debe deshacerse de todas sus riquezas, sino «que hagan el bien, que sean ricos en buenas obras, y generosos, dispuestos a compartir lo que tienen»(1 Timoteo 6:17-18)

Sin embargo, Santiago claramente advierte una clase de «lujo desenfrenado» que es erróneo, que manifiesta poca o ninguna preocupación por otros, y que no toma con seriedad las obligaciones de mayordomía que Dios entregó junto con las grandes riquezas. Parece que los ricos pueden muy fácilmente irse por encima de un nivel de gastos personales que sea apropiado a su posición en la vida, y gastar excesiva y ostentosamente en sí mismos mientras descuidan dar generosamente a otros.

Pero las distorsiones de algo que es bueno no debe hacernos pensar que de por sí sea malo. Los males de la pobreza y la excesiva y desenfrenada riqueza no deben hacernos pensar que la meta de Dios es la total igualdad en posesiones, ni que toda desigualdad es errónea. Las desigualdades en capacidades, oportunidades y posesiones serán parte de nuestra vida en los cielos para siempre, y son en sí mismas buenas y agradables a Dios, y brindan muchas oportunidades de glorificarlo.

8

COMPETENCIA

*La competencia es fundamentalmente
buena y brinda muchas oportunidades de glorificar a Dios,
pero también muchas tentaciones.*

LO MISMO QUE OCURRE con otros aspectos del negocio que hemos considerado ocurre con la competencia, los males y distorsiones que algunas veces han acompañado a la competencia, ha llevado a las personas a la conclusión de que la competencia es un mal de por sí. Pero esto no es cierto.

Podemos pensar en algunos buenos ejemplos de competencia en otros aspectos de la vida. Para poner un ejemplo: la mayoría de las personas piensan que la competencia en deportes es buena, ya sea en las ligas infantiles de fútbol, en las pequeñas ligas de béisbol o en deportes profesionales. Si bien todos podemos recordar malos ejemplos de entrenadores que fueron excesivamente competitivos, la mayor parte de nosotros piensa que la competencia en deportes es algo bueno, y creemos justo que los mejores equipos reciban algún premio o recompensa al final. (Vea en 1 Corintios 9:25-26 y 2 Timoteo 2:5 alguna metáfora de competencia atlética que Pablo utiliza en forma positiva).

Igualmente, en nuestro sistema escolar, las calificaciones son una actividad competitiva en la cual los mejores estudiantes de matemáticas y los mejores estudiantes de lenguaje y los mejores estudiantes de arte y música reciben las más altas calificaciones. El sistema de calificaciones ayuda al estudiante a encontrar algo que él puede hacer bien. ¡Cuando yo vuelo en avión, estoy contento de saber que éste ha sido diseñado por alguien que siempre recibió A en matemáticas e ingeniería! El sistema de calificaciones es «competitivo», y *guía a la sociedad en asignarle empleos* a quienes están mejor capacitados para esos empleos.

En el mundo de los negocios, la competencia realiza también eso. Nosotros contratamos a un pintor descuidado para nuestra casa, y solo duró un día. Pero después encontramos un buen pintor, y estuvimos dispuestos a pagarle más por su trabajo de alta calidad. El mal pintor necesitaba encontrar otra ocupación, y nosotros estábamos ayudándole a lograrlo al pedirle que no volviera al día siguiente. El mundo es tan diverso, y el sistema económico tiene tantas necesidades, que estoy seguro que existe un campo en el cual él puede llenar una necesidad y hacerlo bien. Pero no pintando.

Debemos reconocer, por supuesto, que en cada sociedad habrá algunas personas que debido a incapacidad física o mental no pueden encontrar trabajo productivo sin la ayuda de otros, ya sea por organizaciones caritativas o por agencias gubernamentales. Por supuesto, deberíamos apoyar los esfuerzos que procuran suministrar una «red de seguridad» para quienes no pueden atenderse por sí mismos. Pero en la sociedad estadounidense por lo menos (con la cual yo estoy más familiarizado), y en muchos otros países también, hay trabajo productivo disponible para la vasta mayoría de la población, y la competencia es el mecanismo que ayuda a los trabajadores a encontrar empleos para los cuales sus intereses y capacidades les vienen mejor.

Así, pues, un sistema competitivo es aquel en el cual probamos nuestras capacidades y descubrimos si podemos hacer algo mejor que otros, y entonces se nos paga por eso. El sistema funciona bien cuando premiamos el mejor trabajo y mayor cantidad de trabajo con mayor recompensa.

En realidad, si usted ha ido de tiendas alguna vez, buscando el precio más bajo por una camisa, o una computadora o un carro, sus acciones demuestran que usted aprueba la competencia en la economía, porque usted está haciendo trabajo competitivo. Usted está comprando a una persona que puede producir y distribuir una computadora a precio más bajo que otra, y está estimulando el que un mayor número de fabricantes eficientes se mantenga en los negocios, y está desalentando a los fabricantes de computadoras menos eficientes y más careros para que no sigan en el negocio. Esto ocurre cada día, y lo damos por sentado. Esto debe motivarnos a comprender que si vamos a ser buenos mayordomos de nuestras posesiones, necesitamos que haya competencia en el mercado.

Otro beneficio de la competencia es que las personas se mantienen mejorando al hacer las cosas, y como resultado (ajustado por la inflación) los precios de los bienes de consumo se mantienen bajando a través de las décadas. Esto quiere decir que con el tiempo una sociedad económicamente competitiva gozará de un creciente nivel de vida.

El tocadiscos CD que compré la semana pasada por $89, me hubiera costado hace un año $120. En forma parecida, las computadoras siguen mejorando y los precios bajando, de modo que más y más personas puedan permitirse tener una computadora, y a cada uno que compre una le sobra más dinero del que le hubiese sobrado hace un año. La primera calculadora de bolsillo me costó alrededor de $100, pero hoy puedo comprar una en el mostrador de la botica por $1. Estos son ejemplos de cómo la competencia trae beneficio económico a la sociedad en conjunto.

Existe aun otro beneficio de la competencia. Dios nos ha creado con el deseo de trabajar bien, y de mejorar lo que somos capaces de hacer. La competencia nos impulsa a trabajar mejor, porque vemos a otros haciéndolo mejor y pensamos que podemos hacer eso también. Un ejecutivo de una compañía que fabricaba máquinas de organizar la correspondencia me dijo a mí una vez que sus ingenieros creían que habían fabricado la máquina organizadora más rápida y más silenciosa posible… hasta que los llevó a ver una máquina fabricada por una compañía alemana que funcionaba aun más rápida y silenciosamente! Entonces los ingenieros regresaron a su trabajo, determinados a hacerlo mejor. Creo que Dios nos ha creado con tal deseo de luchar por la excelencia en nuestro trabajo para que, al hacerlo, imitáramos más plenamente su excelencia.

Una competencia para tratar de hacerlo tan bien o mejor que otro parece ser lo que Salomón tenía en mente cuando escribió:

> He visto que todo trabajo y toda obra hábil que se hace, es el resultado de la rivalidad entre el hombre y su prójimo (Eclesiastés 4:4, *LBLA*)

El término traducido «envidia» (en la mayoría de las traducciones) o «rivalidad» (*LBLA*) es la palabra hebrea *qin'ah*, término que puede tener connotaciones morales positivas o negativas, dependiendo del contexto (muy parecido a nuestro términos castellano «celo»). Aquí parece tener el sentido de «espíritu competitivo».[1] El versículo no dice que sea bueno o malo, solo que ocurre. (Una palabra diferente, *chamad*, se usa en Éxodo 20:17 donde Dios dice,

«No codicies».) Las personas ven lo que otro tiene, y deciden trabajar con más ahínco, o adquirir más destreza. En esta forma, la competencia estimula a las personas a realizar un trabajo mejor, y la sociedad prospera.

Hay por cierto una suerte de «competencia» leve implícita en el examen de los hombres antes de ser diáconos:

> Que primero sean puestos a prueba, y después, si no hay nada que reprocharles, que sirvan como diáconos (1 Timoteo 3:10).

Si pasan la prueba («si no hay nada que reprocharles), pueden ser diáconos. Si no, deben encontrar otro campo de servicio dentro de la iglesia.

La competencia parece ser el sistema que Dios quería que hubiera cuando dio a las personas mayores talentos en algo y dio a otras personas mayores talentos en otra cosa, y cuando estableció un mundo donde la justicia y la equidad exigirían otorgar mayor recompensa por mejor trabajo.

La competencia ofrece muchas oportunidades de glorificar a Dios, cuando tratamos de usar nuestros talentos en sus máximas posibilidades y así manifestar las capacidades que Dios nos ha otorgado, con acción de gracias en nuestros corazones hacia él. La competencia capacita a cada persona para encontrar un papel en el cual pueda hacer una contribución positiva a la sociedad y a la vez encontrar un papel en el cual las personas puedan trabajar en forma que sirvan a otros haciéndoles bien. La competencia es, pues, una suerte de funcionamiento social de los atributos de Dios de sabiduría y bondad, y es una forma en que la sociedad ayuda a las personas a descubrir la voluntad de Dios para sus vidas. La competencia también nos capacita, individualmente, para demostrar equidad y bondad hacia los otros, aun respecto de aquellos con quienes competimos.

Por otra parte, la competencia presenta muchas tentaciones. Existe una diferencia entre tratar de hacer un trabajo mejor que otros y tratar de perjudicar a otros e impedirles ganarse la vida. No hay nada incorrecto en tratar de administrar un mejor taller de reparaciones de automóviles que el otro en la misma calle, pero es muy malo decir mentiras sobre el otro mecánico, o robarle las herramientas o procurar hacerle daño.

La competencia presenta también la tentación de jactarse, o de realizar un trabajo excesivo que no permite descansar ni dejar tiempo para estar con la familia y con Dios. Existe también la tentación de distorsionar de tal manera los valores que lleguemos a ser aun incapaces de gozar los frutos de nuestra labor.

Pero las distorsiones de algo que es bueno no debe hacernos pensar que en sí sea malo. Estas tentaciones no deben oscurecer el hecho de que la competencia de por sí, dentro de los límites apropiados (algunos de los cuales debe establecerlos el gobierno) es buena y complace a Dios, y brinda muchas oportunidades de glorificarlo.

9

Pedir prestado y prestar

*Pedir prestado y prestar son cosas fundamentalmente buenas
y brindan la oportunidad de glorificar a Dios,
pero también muchas tentaciones*

HAY CRISTIANOS QUE HAN leído pasajes del Antiguo Testamento
que hablan contra el prestar dinero con intereses (lo que la versión Rei-
na-Valera llama «usura»), y han sentido inquietud respecto a pedir
prestado o prestar dinero con interés debido a estos pasajes. Pero si
observamos esos pasajes en detalle, y los interpretamos en su adecuado contexto histórico, parecen solo prohibir el aprovecharse de los
pobres en su pobreza (véase Éxodo 22:25; Levítico 25:35-37; Deuteronomio 23:19; Nehemías 5:7-10; Salmo 15:5; Proverbios 28:8; Lucas 6:34). Hay otros pasajes, aun en el Antiguo Testamento, que
asumen que las personas pedirán algunas cosas (véase Éxodo 22:14; 2
Reyes 4:3), y algunos versículos regulan el proceso de dar prestado:

«Cuando le hagas un préstamo a tu prójimo, no entres en su
casa ni tomes lo que te ofrezca en prenda» (Deuteronomio 24:10).

La frase «cuando entregues a tu prójimo alguna cosa prestada»
da a entender que los israelitas se prestaban cosas entre ellos. Por
consiguiente, presume que algunos de ellos pedirán prestado de
otros (porque usted no puede prestar algo a menos que alguien lo

pida prestado). Por consiguiente, aun en el Antiguo Testamento no había absoluta prohibición de prestar.

Lo cierto es que algunos versículos estimulan los préstamos y elogian al hombre que presta:

> Bien le va al que presta con generosidad, y maneja sus negocios con justicia (Salmo 112:5);

> véase también Salmo 37:26

Yo no creo que Romanos 13:8 («No tengan deudas pendientes con nadie») prohíbe prestar ni que desalienta el prestar, porque tomado en su contexto simplemente dice que debemos pagar lo que debemos cuando debemos. Si observamos la expresión en su propio contexto, para mostrar la conexión entre el versículo 7 y el versículo 8 dice como sigue:

> Paguen a cada uno lo que le corresponda: si deben impuestos, paguen los impuestos; si deben contribuciones, paguen las contribuciones; al que deban respeto, muéstrenle respeto; al que deban honor, ríndanle honor. No tengan deudas pendientes con nadie, a no ser la de amarse unos a otros. De hecho, quien ama al prójimo ha cumplido la ley (Romanos 13:6-8).

Como es evidente en esta traducción, el mandato «No tengan deudas pendientes con nadie» es simplemente un resumen de la obligación de pagar lo que debemos como se especifica en los versículos precedentes, ya sea impuesto o respeto u honor, etc. Por tanto, si yo tengo una hipoteca sobre mi casa, debo hacer los pagos de la hipoteca cuando se «deben»; es decir, debo hacer los pagos a su debido tiempo como he convenido. Yo no «debo» el saldo completo de la hipoteca al prestamista hasta la fecha especificada. Aunque yo he pedido prestado dinero y estoy pagando una deuda a largo plazo, estoy obedeciendo completamente el «No tengan deudas pendientes» de Romanos 13:8 porque no tengo pagos atrasados en mi hipoteca.

Claro, pedir prestado puede ser a veces insensato (véase Proverbios 22:7, «los deudores son esclavos de sus acreedores»; también Deuteronomio 28:12), y la capacidad de pedir prestado puede ser mal usada por quienes incurren en excesiva deuda («El impío pide prestado y no paga» Salmo 37:21, *RVR-60*), y el pedir prestado conlleva cierto riesgo y ciertas obligaciones que pueden ser muy difíciles de salirse de ellas (véase Éxodo 22:14), pero la Biblia no dice que pedir prestado sea en sí malo.

Me parece, por lo tanto, que pedir prestado y prestar en sí no están en sí prohibidos por Dios, pues en muchos lugares de la Biblia se da por sentado que estas cosas tienen lugar.

Jesús hasta parece que aprueba el prestar dinero con interés, no al pobre que necesita esto para vivir (como en los pasajes del Antiguo Testamento ya citados), sino a los banqueros que nos piden prestado dinero para poder emplearlo en hacer más dinero.

«¿Por qué, pues, no pusiste mi dinero en el banco, para que al volver yo, lo hubiera recibido con los intereses?» (Lucas 19:23, *RVR-60*; también Mateo 25:27).

Cuando comprendemos lo que es realmente pedir prestado, comprendemos que el proceso de pedir prestado y prestar es otro maravilloso regalo que Dios nos ha otorgado como seres humanos. Esta es otra actividad única entre los seres humanos, porque los animales no piden prestado, no prestan, no pagan intereses, y ni siquiera pueden entender el proceso.

¿Qué es pedir prestado y prestar? De por sí, prestar es la transferencia temporal de la tenencia de la propiedad pero no el dominio de la propiedad. Este maravilloso proceso permite al prestamista tener una infinita variedad de opciones con respecto a los siguientes factores:

(a) Control: Dispongo de una infinita variedad de opciones entre mantener una cosa y entregarla a otro. Yo puedo prestarle a usted mi auto y andar con usted mientras usted hace su recorrido, o puedo prestárselo por un breve recorrido, o puedo prestárselo sin restricción alguna por un día, una semana o un año.

(b) Cantidad: Yo puedo prestarle a usted un pequeño objeto (digamos mi cuchilla de bolsillo) o un objeto grande (digamos mi casa o mi auto), y existe toda suerte de opciones al hacerlo.

(c) Riesgo: Corro muy poco riesgo al permitir a mi esposa que tome prestadas las llaves de mi auto o mi chaqueta, pero existe un riesgo muy grande en permitir a un extraño tomar prestado mi auto, y existe toda suerte de opciones en ambos casos.

Tomar prestado también permite al prestatario una infinita variedad de opciones entre no usar un objeto y ser dueño del objeto. Yo puedo alquilar un auto por un día, una semana o un mes, lo que me permite así usarlo poco, usarlo algo o usarlo mucho sin ser su verdadero dueño.

El gran valor de pedir prestado y prestar es que se multiplica la utilidad de la riqueza de una sociedad. Mi biblioteca local puede tener solo un ejemplar de un libro de referencia, pero trescientas personas podrían usarlo en un año, *dándole así a mi comunidad aproximadamente tanto valor como trescientos ejemplares de ese libro* si cada persona tuviera que comprar uno.

Yo soy dueño de un automóvil en Arizona, pero a causa del proceso de pedir prestado y prestar, puedo volar a cualquier ciudad de Estados Unidos y disponer de un auto alquilado por un día, sin tener que ser dueño de un auto en esa ciudad. ¡La existencia del maravilloso mecanismo de tomar prestado y prestar *me da aproximadamente tanto valor como poseer miles de carros,* uno en cada ciudad a la que pueda desear volar en todo el mundo! Y esto es lo mismo para cada persona en la sociedad. Lo mismo ocurre con las habitaciones del hotel, apartamentos, cabinas en el lago, botes, ropa formal para bodas, camiones y rastras, y miles de otros artefactos que pueden alquilarse por un tiempo. De esta forma, el proceso de tomar prestado y prestar multiplica la riqueza disponible en el mundo más veces de lo que es posible calcular.

Las mismas clases de beneficios ocurren con el tomar prestado y prestar dinero. Cuando yo pido prestado dinero para comprar una casa o iniciar un negocio, disfruto la utilidad de ese dinero (así como disfruto la utilidad de un auto alquilado) por un período de tiempo sin tener en realidad que disponer de dinero. Solo con pagar una cuota periódica por el auto alquilado puedo usarlo, de modo que pago «una cuota de alquiler» por el dinero mientras lo uso (esta cuota de alquiler se llama interés). Pedir dinero y usarlo por un tiempo es más fácil que obtener todo el dinero yo mismo antes de que pueda hacer uso del mismo.

El proceso de pedir prestado y prestar dinero también significa que más personas pueden usar el dinero, así como más personas pueden usar un auto alquilado. Para dar un simple ejemplo, digamos que un banquero tiene $90.000 depositados en las bóvedas de su banco que nadie está utilizando, que solo está reposando allí. Pero usted quiere comprar una casa por $100.000 y solo tiene $10.000. Le tomaría a usted muchos años ahorrar los adicionales

$90.000 para comprar esa casa. Pero el banquero le presta a usted $90.000, y súbitamente el dinero está haciendo algo bueno: está capacitándolo a usted para comprar y vivir en esa casa. (Y usted paga al banquero un 6% de «interés» sobre el uso del dinero, o sea, $5.400 por año, lo que hace feliz también al banquero).

Sin embargo, la historia no termina allí. Usted paga $100.000 al constructor de la casa. Digamos que el constructor a su vez coloca $80.000 de ese dinero *en el mismo banco* por un tiempo. El banquero ahora ve que $80.000 reposan en las bóvedas de su banco, sin hacer nada por el momento, de modo que presta parte del mismo (digamos $70.000) a la Persona B, que utiliza esa suma para comprar una casa de $80.000.[1] De nuevo, ese constructor de casas vuelve a colocar *el mismo dinero en el mismo banco*, digamos $60.000 esta vez. De modo que entonces el banquero presta $50.000 de ese dinero a la Persona C, y por esta ocasión el mismo dinero «inútil» que reposaba en las bóvedas del banco ha sido usado tres veces para capacitar a tres personas distintas para comprar casas. Y el proceso continúa sin cesar. Así, pues, pedir prestado y prestar *multiplica repetidamente la utilidad del dinero*. (Es una labor técnica de los economistas calcular cuántas veces se multiplica, dadas las varias tasas de interés y otros factores de la economía.)

Este proceso no es precisamente «humo y espejos» sin realidad alguna que lo respalde. Usted *de veras* está haciendo uso de los $90.000 y usted *realmente* está viviendo en su propia casa, así como usted *realmente* está usando el auto alquilado cuando visita otra ciudad. La diferencia es que usted no puede a la vez usar el carro alquilado y devolverlo para que lo alquile otra persona al mismo tiempo, pero *puede* hacerlo con el dinero.

Lo que es cierto al comprar una casa es también cierto al comenzar un negocio. Muy pocas personas tienen suficiente dinero a mano para comprar el equipo necesario para comenzar un nuevo negocio. Pero cuando las personas pueden pedir prestado el dinero, pueden poner en marcha su negocio y amortizar el préstamo con el dinero que ganan. Tales préstamos para comenzar pequeños negocios («micropréstamos» para «microempresas») están empezando a tener un asombroso impacto entre los pobres en muchos países del mundo.[2] Por medio del asombroso proceso de pedir prestado y prestar, la utilidad del dinero se multiplica y aun las personas muy pobres pueden comenzar un productivo negocio y salir de la pobreza.

La cuestión es que si no pudiéramos pedir prestado y prestar dinero, sino que tuviéramos que funcionar solo a base de dinero en efectivo, el mundo tendría un extenso bajo nivel de vida, no solo en las naciones ricas sino en las naciones más pobres también. La existencia de medios para pedir prestado y prestar significa que el total de bienes y servicios disponibles en el mundo se ha multiplicado muchas veces.

En esta forma, pedir prestado y prestar multiplican fenomenalmente el disfrute de la creación material que nos dio nuestro Dios, así como nuestro potencial de ser agradecidos a Dios por todas estas cosas y glorificarlo mediante el uso de ellas.

En el pedir prestado y prestar podemos reflejar muchos de los atributos de Dios. Podemos demostrar una mayordomía digna de confianza y fiel, honestidad, sabiduría y acción de gracias. Podemos demostrar algún conocimiento del futuro distante, amor, misericordia y agradecimiento a Dios.

Sin embargo, hay tentaciones que acompañan el pedir prestado. Como muchos están ahora descubriendo, existe una gran tentación de pedir prestado más de lo que es sensato, o pedir para

cosas que no podemos permitirnos tener y que no necesitamos, y
así llegan a entramparse tontamente en pagos de intereses que re-
flejan una pobre mayordomía y malgasto, y que entrampan a las
personas en una espiral de más y más deudas. Además, los prestamistas pueden ser codiciosos y egoístas. Algunos prestamistas prestan a personas que no tienen expectativas razonables de amortizar
y luego se aprovechan de esas personas en su pobreza y aflicción.

Los cristianos que trabajan en el mundo de los negocios me dicen
que una de sus grandes frustraciones es «cobrar deudas atrasadas»
¡Los clientes deben dinero y no pagan sus cuentas! Los cristianos que
toman la Biblia como la Palabra de Dios tienen que comprender
que Dios nos dice que paguemos nuestras cuentas a tiempo. ¡« No
tengan deudas pendientes con nadie» (Romanos 13:8) significa que
debemos pagar nuestras cuentas a su debido tiempo! Las personas
no pagan sus cuentas cuando tienen que hacerlo no quedan bien a la
luz de las Escrituras, porque estas dicen: «Los malvados toman prestado y no pagan» (Salmo 37:21). Dejar de pagar una cuenta cuando
hemos dicho que la pagaríamos es no cumplir nuestra palabra, y eso
deshonra a nuestro Creador, quien siempre cumple con su palabra.

Pero la distorsión de algo que es bueno no debe ser causa para
que pensemos que es malo de por sí. Pedir prestado y prestar son
maravillosas y extraordinarias posibilidades humanas que son buenas de por sí y agradables a Dios y que brindan la oportunidad de
glorificarlo. Y puesto que pedir prestado y prestar son tan buenas
cosas, espero que sigan practicándose en el cielo, no para superar la
pobreza, sino para multiplicar nuestras posibilidades de glorificar y
disfrutar de Dios. (¡Pero no sé cual será la tasa de interés!)

Actitudes del corazón

Los diez mandamientos terminan con un recordatorio de que a Dios le importan no solo con nuestras acciones sino nuestras actitudes, porque Dios dice,

> «No codicies ... nada que le pertenezca [a tu prójimo» (Éxodo 20:17).

Si bien me he referido a este asunto en varios puntos, es apropiado que pongamos fin a nuestro análisis de estas cuestiones realizadas con los negocios recordando que en todo aspecto de la actividad mercantil, Dios conoce nuestros corazones, y nosotros debemos glorificarlo teniendo actitudes en las cuales él se deleite.

> Sean, pues, aceptables ante ti mis palabras y mis pensamientos, oh SEÑOR, roca mía y redentor mío (Salmo 19:14)

> Él conoce los más íntimos secretos (Salmo 44:21; véase también Lucas16:15; Hechos 15:8).

Por lo tanto en toda nuestra tenencia de propiedad, y en toda nuestra mayordomía, si deseamos glorificar a Dios en los negocios, debemos procurar   evitar el orgullo y tener corazones llenos de amor y humildad hacia otros y hacia Dios. Al producir bienes y servicios para otros, y al usarlos para nuestro disfrute, debemos

tener corazones de agradecimiento a Dios por su bondad en facili-
tarnos esas cosas a nosotros. Si trabajamos para otra persona, debemos trabajar como si estuviéramos trabajando

para el Señor y no para los hombres; sabiendo que del Señor reci-
biréis la recompensa de la herencia (Colosenses 3:23-24, *RVR-60*)

Y si otros trabajan para nosotros, necesitamos considerarlos
como iguales en valor como seres humanos hechos a la imagen de
Dios, y nuestro deseo debe ser que el trabajo les traiga bien y no
mal. Debemos ser agradecidos a Dios por el dinero y las ganancias,
pero nunca debemos *amar* el dinero o la ganancia. Es a Dios y a
nuestro prójimo a quienes debemos amar.

Y así, toda actividad mercantil pone a prueba nuestros corazones. ¡Las buenas cosas que Dios nos proporciona mediante los negocios son excelentes, pero debemos recordar siempre que Dios es
infinitamente mejor! David dijo. «Si aumentaren vuestras riquezas, no pongáis el corazón en ellas» (Salmo 62:10, *RVR-60*), y otro
salmista dijo, «¿A quién tengo en los cielos sino a ti? Y fuera de ti
nada deseo en la tierra» (Salmo 73:25, *RVR-60*). ¿Están nuestros
corazones atentos a Dios sobre todo, o a las cosas que Dios da?
Jesús dijo, «Ama al Señor tu Dios con todo tu corazón» (Mateo
22:37), y «No se puede servir a la vez a Dios y a las riquezas»
(Mateo 6:24).

Si amamos a Dios sobre todo, cuando miramos a todas las actividades mercantiles en el mundo que nos rodea, veremos el mal
mezclado con el bien, y entonces nuestros corazones deben sentir
pena y aflicción al ver que se desobedecen y violan los mandamientos de Dios. Pero nuestros corazones deben estar llenos también de

gozo y gratitud, y alabarlo a él por las maravillas de su creación, y por su extraordinaria sabiduría en diseñar tantas formas maravillosas en las que la actividad empresarial en sí misma es fundamentalmente buena y trae gloria a Dios.

EFECTO SOBRE LA POBREZA MUNDIAL

HASTA AQUÍ HE ESTADO estimulándolo a usted, como lector, a cambiar de actitud respecto de muchos de los componentes de las diferentes actividades económicas. No quiero que se sienta ni vagamente culpable acerca de lo que es negocio, y deseo que ni siquiera sienta que los negocios son moralmente neutrales, sino que hacen algún bien porque por lo menos este es un medio de hacer avanzar el evangelio. Por supuesto, convengo en que el negocio es un medio maravilloso de promover el evangelio, y me regocijo en esto y doy gracias a Dios que miles de empresarios en todo el mundo hacen mucho personalmente y financieramente por promover el evangelio.

Pero yo estoy apuntando hacia algo más. Deseo que no se sienta vagamente culpable con respecto a las actividades mercantiles, sino más bien *se regocije* en la bondad del negocio en sí mismo realizado en obediencia a Dios. Deseo que usted, como lector, se *regocije* y dé gracias a Dios por:

1. La propiedad
2. La productividad
3. El empleo

4. Las transacciones comerciales

5. Las ganancias

6. El dinero

7. La desigualdad de posesiones

8. La competencia, y

9. El pedir prestado y el prestar

En este punto, sin embargo, alguien pensará, ¿qué decir del pobre? ¿Qué de aquellos que no poseen casi nada, que no pueden comprar y vender, no pueden obtener ganancias, que no tienen dinero ni oportunidad de competir? ¿Qué bien les hace a ellos todo esto?

Como dije anteriormente en el Capítulo 7, debemos siempre ayudar al pobre y ayudarle a superar su pobreza. Juan dice: «Pero el que tiene bienes de este mundo y ve a su hermano tener necesidad, y cierra contra él su corazón ¿cómo mora el amor de Dios en él?» (1 Juan 3:17, *RVR-60*). Y Pablo dice en Gálatas 2:10: «Sólo nos pidieron que nos acordáramos de los pobres, y eso es precisamente lo que he venido haciendo con esmero» (Gálatas 2:10); véase también Mateo 25:39-40; Hechos 2:45; 4:35; Romanos 12:13; 15:25-27; Efesios 4:28; Tito 3:14; Hebreos 13:16).

Pero *¿cómo* debemos recordar al pobre? *¿cómo* debemos abrir nuestros corazones a nuestro hermano en necesidad? Una solución a corto plazo es procurar alimento y ropa para el pobre, y esto es ciertamente correcto. Pero esto no es solución a largo plazo, porque el alimento se come rápidamente y la ropa se gasta.

Creo que *la única solución a largo plazo para la pobreza mundial es el comercio*. Los negocios producen bienes y los negocios producen empleos. Y los negocios continúan produciendo bienes año tras año, y continúan produciendo empleos y pagando sueldos año tras año. Por lo tanto si vamos alguna vez a ver soluciones *a largo plazo* para la pobreza mundial, creo que éstas llegarán abriendo y manteniendo negocios productivos y beneficiosos.

En gran medida esto se producirá mediante el establecimiento de negocios en países pobres y en vecindarios pobres en países en desarrollo. Otra forma menos visible en que los negocios ayudan a superar la pobreza es acrecentando la eficiencia y la productividad, y así hacer bienes de calidad menos costosos en el mercado mundial. Porque los negocios competitivos y lucrativos en los países en desarrollo han hecho que el precio de una calculadora de bolsillo, activada por energía solar, bajara de \$100 a \$1, y aun un empresario con un minipréstamo de \$237 puede permitirse una calculadora para su nuevo negocio.

Pero si bien esto es cierto, si la solución para la pobreza mundial son los negocios llevados con honradez, ¿por qué los negocios no han resuelto ya la pobreza universal? Una razón es que existen demasiados obstáculos.

Como mencioné antes, en muchos países pobres las excesivas trabas gubernamentales impiden efectivamente a los empresarios tener propiedades o negocios legalmente, y el crecimiento económico se detiene antes de empezar.[1] Además, algunas veces un obstáculo es el uso indebido del poder empresarial para beneficiar solo a un pequeño número de personas e impedir a otros comenzar negocios competitivos. Otro obstáculo lo constituyen los gobiernos perversos que confiscan la riqueza de un país e impiden a las empresas ayudar a superar la pobreza. Sin embargo, otro obstáculo es la existencia de gobiernos represivos que obstaculizan y destruyen los negocios a fin de ampliar su propio poder.[2] Otro obstáculo que

impide a los negocios resolver el problema de la pobreza son los gobiernos débiles que no castigan el crimen o el fraude[3], y no ponen
en vigor los contratos o establecen un buen sistema bancario y judicial. Estos son problemas importantes que solo pueden superarse
cuando aquellos que detentan el poder en tales países pobres resuelven amar a su prójimo como a si mismos y ponen el bien del
país en primer lugar, y retienen el poder y el privilegio para ellos
mismos y sus amigos.[4]

Pero creo que otra gran razón por la cual la actividad empresarial no ha resuelto aun la pobreza mundial es *la negativa actitud hacia los negocios en la comunidad mundial*. Y estas actitudes negativas
también conducen a esos otros problemas mencionados y los
agravan.

Si las personas creen que los negocios son malignos, dudarán de
establecer negocios, y nunca sentirían verdadera libertad para disfrutar en la labor mercantil, porque éstos estarían marcados siempre con la nube de falsa la culpabilidad. ¿Quién puede gozar siendo
un *malvado* materialista que trabaja con dinero *malvado* y obtiene
malvadas ganancias mediante la *explotación* de los trabajadores y
produciendo bienes materiales que alimentan la *malvada* codicia
de las personas y acrecientan su malvado orgullo y mantienen su
malvada desigualdad de posesiones y alimentan su *malvada* competitividad? ¿Quién desea dedicar su vida a tal empeño *malvado*
como el negocio? ¿Qué gobierno desearía jamás establecer leyes y
políticas que estimularan algo tan malvado como el negocio? Si hacer negocio es maldad, ¿por qué no fijarle un impuesto y regularlo
hasta que pueda apenas sobrevivir? Y así, con la actitud de que el
negocio es fundamentalmente malvado en todas sus partes, la

actividad de los negocios es obstaculizada en cada momento, y la pobreza permanece. (De hecho, si el mismo diablo desea mantener en la miserable esclavitud de la pobreza permanente a la gente que Dios creó, es difícil pensar en una mejor manera que él pudiera llevarlo a cabo que hacer que las personas piensen que hacer negocios es fundamentalmente perverso, de modo que eviten entrar en el mismo o se opongan a él en toda ocasión. Y así me sospecho que una actitud profundamente negativa respecto del negocio como tal —no hacia las distorsiones y abusos, sino hacia la actividad en los negocios en sí— es a fin de cuentas una mentira del Enemigo que desea impedir al pueblo de Dios realizar sus propósitos).

¿Pero qué si los cristianos pudieran cambiar su actitud respecto a los negocios, y qué si los cristianos pudieran comenzar a cambiar las actitudes del mundo sobre los negocios?

Si las actitudes hacia el negocio cambian en las formas que he descrito, ¿quién podría resistir ser un conquistador *agradable* a Dios que domine la tierra, que use materiales de la *buena* creación y obras de Dios con el *procedente de Dios* don del dinero para lograr *buenas* ganancias, y mostrar *amor* a sus vecinos facilitándoles empleos y produciendo *bienes* materiales que venzan la pobreza mundial, bienes que capaciten a las personas para *glorificar a Dios* por su bondad, que mantengan *justas y equitativas* diferencias en posesiones, y que alienten moralmente una competencia *buena y beneficiosa*? ¡Qué gran carrera sería esa! ¡Qué gran actividad digna del favor y el estímulo de los gobiernos! ¡Qué solución a la pobreza mundial! ¡Qué gran manera de dar gloria a Dios!

Notas

PREFACIO

1. El trabajo ha sido publicado en su forma original como *On Kingdom Business: Transforming Missions Through Entrepreneurial Strategies*, editado por Tetsunao Yamamori y Kenneth A. Eldred (Wheaton, Ill; Crossway 2003), 127-151. El libro contiene una importante colección de casos prácticos de cristianos que están dirigiendo negocios exitosos en lo que muchos considerarían los más remotos países del mundo hoy.

INTRODUCCIÓN

1. Todo énfasis en citas de las Escrituras fue añadido por el autor.

CAPÍTULO 1: PROPIEDAD

1. Véase Hernando de Soto, *The Mystery of Capital: Why Capitalism Triumph in the West and Fails Everywhere Else* (Nueva York: Basic Books, 2000) El grupo investigador encabezado por de Soto trató de abrir un pequeño taller de ropa (con un empleado) en las afueras de Lima, Perú. ¡Trabajaron en el proceso de inscripción seis horas diarias y les tomó 289 días! El costo fue de $1.231, o sea, treinta y una veces el salario mínimo mensual (aproximadamente el salario de tres años). Y agregaron, «A fin de obtener autorización legal para construir una casa en terreno propiedad del Estado se necesitaron seis años y once meses, que exigieron 207 trámites administrativos en cincuenta y dos oficinas del gobierno… Para la obtención de un título legal para ese pedazo de terreno se siguieron 728 trámites» (19-20). Detallaron parecidas trabas laberínticas de la burocracia para obtener la propiedad en otros países como Egipto, las Filipi-

nas y Haití, y llegaron a la conclusión de que la pequeña empresa es efectivamente imposible para la vasta mayoría de la población en muchos países del Tercer Mundo.

CAPÍTULO 6: DINERO

1. Wayne Grudem, *Systematic Theology: An Introduction to Biblical Doctrine* (Leicester, U.K.; InterVarsity, and Grand Rapids, Mich.; Zondervan, 1994).

2. *The American Heritage Dictionary of the English Language* (Boston, Houghton Mifflin, 1993), 1166.

CAPÍTULO 7: DESIGUALDAD DE POSESIONES

1. Véase especialmente 1 Corintios 3:12-15; también Daniel 12:2; Mateo 6:10, 20-21; 19:21; Lucas 6:22-23; 12:18-21, 32, 42-48; 14:13-14; 1 Corintios 3:8; 9:18; 13:3; 15:19, 29-32, 58; Gálatas 6:9-10; Efesios 6:7-8; Filipenses 4:17; Colosenses 3:23-24; 1 Timoteo 6:18; Hebreos 10:34,35; 11:10, 14:16, 26,35; 1 Pedro 1:4; 2 Juan 8; Revelación 11:18; 22:12; véase también Mateo 5:46; 6:2-6, 16-18, 24; Lucas 6:35.

CAPÍTULO 8: COMPETENCIA

1. La definición «espíritu de competencia» para esta palabra en este versículo la dan Koehler-Baumgartner, *Hebrew and Aramaic Lexicon of the Old Testament*, 1110,

CAPÍTULO 9: PEDIR PRESTADO Y PRESTAR

1. Los bancos, por supuesto, no pueden prestar todo su dinero o fracasarían; de ahí que los gobiernos establezcan requisitos de reserva en la proporción que permita hacer nuevos préstamos. Los actuales requisitos de reserva no se toman en cuenta en este ejemplo simpli-

ficado, pero el principio general de prestar de nuevo mucho del dinero es aplicable.

2. Un ejemplo excelente del uso de tales micropréstamos (a menudo $500 o menos) para comenzar una pequeña empresa en áreas pobres del mundo, puede verse en el trabajo pionero de Opportunity International en Oak Bank, Illinois. En 2002 hicieron 536.033 préstamos, y el préstamo promedio fue de $237. Su informe anual registra recipientes con empresas lucrativas tales como puestos de flores, panaderías, fábricas de ropa teñida, alfarería, o cesterías y criaderos de pollos o pescado. ¡Se hacen préstamos de dinero de acuerdo con la tasa del mercado, y la tasa del pago del préstamo es del 98%! Ellos estiman que estos préstamos están proporcionando 800.000 empleos e impactando la vida de cuatro millones de personas. (Véase el editorial sobre Oportunidad Internacional, «Compassionate Capitalism» por Jack Kemp y Christopher Crane, *Washington Times*, Agosto 27, 2003; www.washingtontimes.com.)

CAPÍTULO 11: EFECTO EN LA POBREZA MUNDIAL

1. Véase la referencia en el capítulo 1, nota 1 sobre Hernando de Soto, *The Mystery of Capital*.

2. Por ejemplo, un editorial de *Wall Street Journal* señalaba un creciente ambiente hostil a los negocios en la Rusia de hoy: «Las fuerzas de seguridad están interfiriendo en las actividades de los negocios cuándo y dónde ellos escogen. La oficina del fiscal general aprueba automáticamente acusaciones contra oligarcas y grandes negocios siguiendo órdenes del Kremlin, mientras los fiscales locales están en una búsqueda de ataque a los negocios para satisfacer las expectativas de sus gobernadores y alcaldes» («KGB State». Por Gary Kasparov, *Wall Street Journal*, Sept. 18, 2003, A16).

3. Este problema también se encuentra en la Rusia moderna, por ejemplo, de la cual oímos frecuentes informes del difundido control de la Mafia de grandes segmentos de la economía.

4. Existe un número de estudios que bosquejan los factores legales y sociales necesarios para permitir que tenga lugar un sostenido crecimiento económico en un país. Véase, por ejemplo, Brian Griffiths, *The Creation of Wealth* (Londres: Hodder and Stoughton, 1984; Downers Grove Ill.: InterVarsity, 1985).

Índice general

ÍNDICE BÍBLICO

Nos agradaría recibir noticias suyas.
Por favor, envíe sus comentarios sobre este libro
a la dirección que aparece a continuación.
Muchas gracias.

Editorial Vida
Vida@zondervan.com
www.editorialvida.com